다시, 아마추어

오래 함께할 반려 악기를 찾아가는 여정

수상한 카드

Table of Contents
다시, 아마추어

프롤로그. 다시 아마추어가 되다 ·· 7

1장. 함께, 더 멀리 ·· **15**

기타와의 첫 만남	17
레슨의 역사	20
친목과 음악이 뒤섞인 시간 속에서	24
그룹 레슨의 복병	28
기타는 엉덩이로	32
나만의 반려 악기 만들기	35

2장. 때때로 조급하고, 멈추고 싶은 순간이 오더라도 ················ **41**

악기와 친해지기	43
저 박치인가요	47
F 코드의 비기	53
잡아는 봤나 하이포지션 코드	56
뭐든 사자!	60
굳어버린 근육	62

3장. 사람들과 함께 짓는 음악의 숲 ···· 67

나에게 잘린 첫 레슨생	69
기타 치며 프러포즈하는 게 로망이라고요?	77
나이와 국경을 넘어	80
소개팅, 어때요?	86
우연인 듯 우연 아닌	91

4장. 또 하나의 세계로 스며들 용기 ···· 97

입시 레슨: 성장의 테크닉	99
여러 갈래 길	105
최고의 악기는 목소리	110
작곡에 대한 오해	115
아코디언	119
낯설게 하기	125

5장. 다시, 꿈을 꾸다 ···· 129

이렇게, 여기서, 우리?	131
앙상블 팀으로	137
겨울, 첫 연주회	140
다시, 일상	146
50명의 연주자가 함께 빚어 낸 소리	151
연습은 널 배반하지 않아	158
소리 안에 함께 있던 순간	162

에필로그. 좋아하는 것을 배우며 더 좋아하게 되는 것 ···· 171

<다시, 아마추어> 플레이리스트 ···· 176

프롤로그 :
다시 아마추어가 되다

얼마 전 우연히 늦은 나이에 악기를 배우는 사람들에 관한 기사를 읽다가 자학의 시간을 걷고 있을 나의 레슨생들이 떠올랐다. 단톡방에 이 기사를 공유하고 내용 중에 있는 말을 인용해 메시지를 달았다.
"자발적으로 아마추어가 된 당신들을 응원합니다!"
그깟 에프 코드에 연연할 필요 없다고. 당신들의 용기가, 끈기가 얼마나 대단한지 돌아보라고 말하고 싶었다. 이런 말을 듣고 뜨거운 마음이 차올라 기타를 잡아도 또 여지없이 이상한 소리가 나겠지만, 그래도 포기하지 말라고.

나도 최근에 자발적 아마추어가 되었다. 첼로 학

원 성인 취미반에 등록해서 다닌 지 2년 가까이 되어간다. 내가 이런 용기를 내게 된 계기는 나의 레슨생 덕분이다. 기타 연습을 열심히 하는 성실한 중년의 학생이었는데 기타 외에도 비올라를 7년째 배우고 있다는 걸 뒤늦게 알게 되었다. 아마추어 오케스트라에 들어가서 큰 행복을 느끼고 있는 그의 모습이 나에게 또 다른 자극과 용기를 주었다. 어느 날 레슨 중에 자못 진지하게 물었다.

"지금부터 시작하면 저도 오케스트라에 들어갈 수 있을까요?"
"그럼요! 저도 선생님보다 늦은 나이에 시작했어요. 선생님은 기타도 오래 치셨으니 저보다 훨씬 수월하지 않을까요?"

레슨생의 응원에 힘입어 나는 바로 첼로 강습에 등록했다. '기타 지판을 잡던 경험이 있는데 금방 배우지 않겠어?' 하는 자신감과 함께. 하지만 현실은 그리 녹록지 않았다. 첼로를 안고 앉아 있으니 갑자기 바보가 된 기분이었다. 온몸이 쑤시고 기괴한 소리가 예민한 귀를 괴로웠다. 첼로 레슨 시간이면 선생님께 죄송하다는 말을 반복했다. 듣기가 얼마나 괴로울까. 내 기타 수업시간에 "선생님 괴로우시죠?"라는 말과 함께 겸연쩍은 표정을 짓던 학생들이 떠올랐다.
"이게 제 일인데요. 괴롭지 않으니 과감하게 소리내보세요!"
그 말은 진심이었다. 그들의 연주 소리가 전혀 괴롭지 않았다. 아마 나의 선생님도 같은 마음일 것이다. 하지만 나도 연신 죄송하다는 말이 나왔다. 그러다 바보 같은 질문들이 내 입 속을 맴돌았다. 얼마나 난감하고 답이 없는 질문인지 알고 있기에, 그 질문을 했을 때 나에게 돌아올 답 또한 알고 있기에 그 질문만은 내뱉지 말자고 나를 누르고 눌렀다. 그러다 어느 순간, 질문들은 결국 목구멍을 타고 나온다.

"선생님, 몇 년을 연습해야 좋은 소리가 날까요?"
"소리를 잘 내는 요령은 없을까요?'
"전, 늦은 걸까요?"
"…"

넋두리에 가까운 질문들이 입 밖으로 쏟아져 나오기 시작하자 레슨실에는 순간 정적이 흐른다. 빈말을 못 하는 나의 선생님은 원하는 대답을 해주지 않는다. 그렇다고 늙은 학생의 꿈을 짓밟을 순 없으니 솔직하게 대답할 수도 없는 노릇이다. 난감해 하는 선생님을 보다못해 내가 결국 상황을 마무리한다.
"열심히 하겠습니다!"
답을 듣지 못할수록 듣고 싶은 답은 선명해졌다. 그리고 선명해진 답이 나를 당황하게 했다.

"잘 하고 있어요!"
"곧 좋은 소리가 날 거예요!"
"악기 연주에 나이란 없습니다. 그냥 하시면 됩니다!"

빈말 같이 들릴까 싶어 아꼈던 말들, 무책임하게 느껴져서 주저했던 말들이 정작 '내가 듣고 싶은 말'이었던 것이다. 명쾌한 해답이 필요한 게 아니었다. 그냥 따스한 응원이 필요했던 거다.
존 메이어가 될 것도 요요마가 될 것도 아니다. 꽤나 자주 밀려드는 불안과 자괴감을 다독여줄 수 있는 조금의 응원이면 충분했던 거다. 나는 나의 학생들의 얼굴이 떠올랐다.

좁은 방에서 벽을 보고 활을 긋고 있다 보면 늙은 바보 한 명이 보인다. 도대체 내가 여기서 뭐하고 있는 거지? 당장 해야 할 일들이 떠올라 초조함이 몰려온다. 그만두고 싶은 마음이 고개를 든다. 그만두자니 어떻게 시작했는데 처음의 호기로운 다짐들이 떠오른다. 내가 주저하던 질문들은 학생들이 포기하고 싶어질 때 푸념처럼 꺼내던 말들이 아니었을까. 그럴 때면 장황한 연설을 쏟아내거나 냉정하게 일갈해왔던 나 자신이 떠올라 조금 미안해졌다.
나의 역할은 그저 함께 한곳을 바라보며 달리는 페이스메이커처럼, 멈추지 않고 달릴 수 있도록 응원과 지지를 보내는 것으로 충분하지 않을까. 이 시간이 헛되지 않다고, 넌 잘하고 있다고.

다시 무언가에 도전할 수 있는 용기, 악기를 구입하고 레슨을 받고 또 연습을 해야 하는 수고로움을 뛰어넘은 것만으로도 당신은 이미 반은 이룬 것이다. 그 목표가 거창하지 않아도 된다.

좋아하는 노래 한 곡을 제대로 연주한다든지 특별한 날이나 모임을 위한 레퍼토리를 한두 곡 정도 갖고 싶어서, 악기를 배우는 자녀와 함께 합주를 하고 싶어서, 사랑하는 사람에게 들려주고 싶어서. 그리고 60대엔 아마추어 오케스트라의 단원이 되고 싶은 나의 꿈까지 헛되고 쓸모없는 꿈은 없다.

"자발적 아마추어들에게 존경의 마음을 보냅니다. 나와 당신들을 응원합니다!"

2022년 가을
수상한 커튼

01
함께,
더 멀리

기타와의 첫 만남

내가 기타를 처음 잡은 건 고2 중반 무렵일 것이다. 함께 음악을 듣고 공연도 보러 가고 일상의 모든 것을 공유하던 친구들이 있었다. 그땐 친구와 음악이 세상의 전부였다. 하루 종일 학교에서 함께 보내고도 모자라 집에 와서도 무슨 할 말이 남았는지 전화기를 붙들고 잠들기 일쑤였다. 주말이면 함께 타워레코드나 종로 뮤직랜드에 가서 청음 음반을 듣고 새로 나온 앨범을 구경하고, 사고 싶지만 살 수 없는 앨범들을 전혀 상관없는 알파벳 코너에 숨겨두고 나왔다.
밴드들의 계보를 외우고 다양한 뮤지션과 음악을 탐닉할 뿐 음악을 만들어 내거나 무대에 서서 연주를 하고 싶다는 생각은 해보지 못했다. 그러다 어느 날 즉흥적으로 밴드를 결성하게 됐다. 악기도 다룰 줄 모르는 네 명이 다짜고짜 밴드를 만들고 파트를 정했다. 우린 마구잡이로 생각나는 악기를 말하고 파트를 정했다. 그렇게 나는 기타를 맡았다.

막상 밴드를 만들고 막막했는지 옆 반에 누가 베이스를 배운다는 소문을 듣고 친구들과 우르르 그 반 앞에 가서 그 친구를 불러냈다.(아, 우린 건전한 오덕 무리였다. 오해 금물!) 그 친구가 다니고 있다는 학원에 대한 정보와 후기를 들어보고 그 음악 학원에 또 우르르 몰려갔다. 학원 문을 여니 머리를 허리까지 늘어뜨린 장발의 로커들이 플라스틱 의자에 나란히 앉아 연습에 몰두하고 있었다. 우린 기세에 눌려 조용히 문을 닫고 내려왔다. 학원은 포기하고 엄마에게 공부를 더 열심히 하겠다는 약속을 하고 십만 원을 받아서 친구들과 낙원상가로 갔다. 기타가 얼만지 뭘 사야 할지도 모른 채 정말 말도 안 되는 기타를 8만5천 원에 사왔다. 그 기타가 나의 첫 기타 '터미네이터'다.(믿을 수 없겠지만 기타 헤드에 정말 "터미네이터"라고 씌어 있었다)
교보문고에서 산 타브 악보를 보고 더듬더듬 연습해서 친구 집에서 합주라는 것도 했다. 우리를 탐탁지 않게 여기던 부모님들의 눈총에 연습은 쉽지 않았다. 당시는 우리가 고2에서 고3으로 넘어가는 시기였으니 당연하지 않은가. 검은 기타 가방을 메고 친구 집 현관에서 방까지 쏜살같이 지나가는 찰나 "은희는 이번에 몇 등 했니?" "요즘 너는 어느 학원 다니니?"라고 묻는 친구 어머니의 송곳 같은 질문들이 뒤통수에 박혔다. 그 무모한 밴드 결성이 우리 인생에 얼마나 큰 파란을 몰고 오게 될지 몰랐던 네 명은 더 열심히 음악을 듣고 공연을 보러 다니고 합주도 하며 암울하지만 빛나는 시기를 보냈다. 당연히 우리의 수능 성적은 형편없었고, 나와 친구는 재수를, 또 다른 친구는 담임선생님이 그렇게 반대하던 음향제작학과에, 한 친구는 원치 않던 대학에 마지못해 입학했다.

재수를 택한 나는 길고 긴 방황의 길로 들어섰다. 얼떨결에 맡았던 기타가 한 번도 그려보지 못한 낯선 삶 속으로 이끌었다. 알 수 없는 나날의 연속이었다. 이후 나는 몇 년간 고생 끝에 예상에도 없던 실용음악과에 진학하게 됐다. 우리의 해프닝에 가까운 밴드 결성은 잔잔한 일상에 작은 균열을 만들었다. 작은 숨통 같던 음악은 결국 우리를 집어삼켜버렸고 기타와 음악은 나의 삶 한가운데 우뚝 서게 되었다.

레슨의 역사

20대 초반 학교도 가기 전 나도 내가 뭘 치고 있는지 모르고 있었던 생초짜 시절, 모르는 게 용감하다고 인터넷에 레슨생 모집 광고를 올리고 내 방에서 크로매틱 연습을 가르치던 게 나의 첫 레슨이었다. 지금 생각하면 부끄러워서 얼굴이 화끈거리지만 당시엔 내가 기타를 꽤 잘 친다고 생각하고 있었다. 실용음악과도 많지 않았고 배움의 정보도 부족하던 시절이었다.

나도 이상한 레슨을 1년 동안 받은 적이 있다. 당시 선생님은 버클리 음대를 나왔다고 홍보하던 졸린 듯한 인상의 아저씨였다. 그분의 전공은 모르지만 나에겐 기타를, 내 친구에겐 클래식 화성학을 가르쳤다. 어느 날엔 내 앞 수업 학생에게 드럼을 가르치고 있었고, 다른 요일에 레슨을 받던 내 친구의 다음 수업 학생에게는 베이스를 가르친다고 했다. 모든 악기를 가르치는 선생님에 대한 의심은 없었다. 맹목적으로 선생님이 시키는 것들을 열심히 연습했다. 친구와 나는 그해 입시에 당연히 떨어졌다. 입시를 치르고 나서야 내가 말도 안 되는 것을 준비하고 연습했다는 것을 깨달았다.

정식으로 레슨을 시작한 건 대학을 졸업하고, 수원에 있는 실용음악 학원에서였다. 서울에서 수원까지 광역버스를 타고 다니며 출근하는 날은 아침부터 저녁까지 거의 풀타임으로 일했다. 쉬는 시간에 내 연습을 하겠다는 야무진 생각들은 한 번도 이뤄지지 못했다. 화장실 가는 시간도 눈치를 봐야 했고, 공강 시간 함께 근무하는 대학 동기들과 건물 베란다에 모여 원장과 원장 부인 욕을 하며 스트레스를 풀었다. 아파트 단지로 둘러싸인 신도시 음악 학원의 수강생들은 대부분 중학생 남자 아이들이었다. 나는 하루 종일 버즈의 노래를 카피하고 연주했다.

그 뒤로 입시 학원과 학교, 개인 레슨을 오가며 입시생, 직장인, 아이돌 연습생, 가수, 배우 등 다양한 분야의 사람들을 만나고 가르쳤다. 오랜 기간 레슨을 하며 깨달은 건 입시생이나 학생들보다 직장인들, 성인 취미 레슨을 할 때 더 즐거운 경우가 많았다는 것이다. 보통 강사들이 가장 꺼려하는 레슨이 성인 취미 레슨이다. 시간당 페이도 적고, 수업 준비도 까다로우며 말도 잘 안 듣는다. 반면에 입시생들은 페이도 높고, 한 번 등록하면 입시 때까지는 꾸준히 수업이 이어지고, 레슨 방향이 확실하기 때문에 내가 짜놓은 계획대로 잘 이끌어 주기만 하면 된다. 게다가 말도 잘 듣고 연습도 열심히 해온다. 하지만 무슨 이유에서인지 나는 입시 레슨보다 성인 취미 레슨이 재미있었다.

학원 직원들과 친해지고 경력이 쌓여갈수록 학원에서는 나에게 입시생들을 배정해주려는 선의를 베풀었지만 나는 매번 거절했다.

음악을 매개로 다른 사람들의 삶을 들여다보고 함께 연주하는 과정이 즐거웠다. 그간 나는 입시를 향해 살아오지도 않았고, 다시 그 과정의 테두리에 서고 싶지도 않았다. 생계를 위해, 음악가로서의 삶을 지속하기 위해 시작한 일이지만 가끔 취미 학생이 더듬더듬 치는 기타에 피아노 반주를 해주다 보면, '아, 내가 참 아름다운 일을 직업으로 삼았구나'라는 생각이 들었다. 주옥 같은 노래들을 함께 부르고 연주하면서 돈도 벌다니, 이 거 정말 최고의 직업 아닌가?

    나에겐 스치는 한 시간이었지만 그들에게 그 시간은 무엇보다 소중하고 즐거운 시간이었을 것이다. 기타를 배우는 사연도 다양하고 좋아하는 음악, 연주하고 싶은 곡들에 관한 이야기를 나누다 보면 한 시간이 훌쩍 지나갔다. 학생들은 대부분 한 시간 동안 자신이 만들어 내고 있는 괴상한 소리를 나누고 있는 나에게 미안해했지만, 난 오히려 그 시간 동안 즐거웠던 적이 훨씬 많았다.

친목과 음악이 뒤섞인 시간 속에서

　개인적으로 레슨 의뢰가 왔을 때, 기타가 처음이거나 초보 수준이라면 먼저 함께 배울 친구가 있는지 묻는다. 처음을 혼자가 아닌 누군가와 함께하는 것, '처음'이라는 두렵고 길고 지루한 터널을 조금 수월하게 건너기 위한 나만의 노하우다.

　내 곁에서 이상한 소음을 만들어 내고 있는, 나와 같은 상황에 빠져 있는 동료는 그 존재만으로도 큰 위로와 안도감을 안겨 준다. 참을 수 없는 손가락의 고통과 지루함, 도대체 언제쯤 소리가 날 것인지 끝 모를 막막함을 나눌 수 있는 존재. 그렇게 동료와 투덜대며 천천히 함께 걷다 보면 어느새 초보 터널의 끝자락에 서 있는 자신을 발견하게 될 것이다.

　그룹 레슨의 좋은 영향을 처음 경험한 것은 영주 언니가 만들어 준 정현 언니와의 그룹 레슨에서가 아니었나 싶다. 그 전에도 학원이나 여러 단체에서 마련한 특강을 경험하긴 했지만 함께하는 것이 이렇게 즐거운 거구나 하는 걸 처음 깨닫게 해준 신호탄은 영주 언니가 쏘아올린 그룹 레슨이었다.

한창 즐겁게 두 언니와의 그룹 레슨을 진행했는데, 영주 언니가 제주도로 이사를 하게 되면서 그 준비로 바빠지기 시작했고 수업을 더 이상 이어갈 수 없었다. 모범생 정현 언니라면 개인 레슨도 가능했지만, 그룹 레슨의 즐거움과 장점들을 느끼고 있던 터라 어떻게든 다시 그룹으로 레슨을 진행하고 싶었다. 그러다 정현 언니의 소개로 따로 수업을 해오던 친한 디자이너 부부 생각이 났다. 진도 차이는 컸지만 워낙 친한 사이들이라 나만 정신차리고 수업을 진행한다면 무리 없을 듯했다. 그렇게 세 명으로 이루어진 그룹 레슨이 탄생했고, 얼마 지나지 않아 그들의 지인 한 사람이 더 합류해 네 명으로 이루어진 한 팀이 꾸려졌다.

정현 언닌 나의 취미 레슨생 중 가장 오래, 그리고 열심히 했던 학생 중 한 명이었는데, 살인적 스케줄 속에서도 수업은 빠지지 않고 참석했다. 주중에 개인 연습은 불가능한 상황이라 일주일에 한 번인 수업 때 모든 열정을 쏟아 연습했다. 가끔 레슨생이 바쁘다는 핑계를 대면 언니의 사례를 모범 삼아 연설을 쏟아냈다. 취미로 레슨을 받는 사람이 열심히 오래 배우면 어디까지 해낼 수 있는지에 대한 데이터를 만들어 준 사람. 그 뒤로 레슨을 하며 "오래 배우시면 여기까지도 하실 수 있어요"라는 말을 주저없이 할 수 있었던 것은 모두 언니와의 수업 경험에서 비롯한 것이다.

주말 낮에 열정적으로 진행했던 레슨과는 달리 평일 오후 그날 저녁거리와 맥주를 사 들고 와 시작하는 네 명 그룹의 레슨은 산만하기 그지없었다. 하지만 예상과 달리 수업은 꽤 오랜 기간 진행되었는데, 그것은 분명 그룹 레슨의 힘이었다. 그들이 각자 개인적으로 수업을 받았다면? 실력은 많이 늘었을 수도 있겠다. 하지만 그렇게 오랜 기간 즐겁게 기타를 치며 수업을 이어갈 수 있었을까? 바쁘고 고단한 일상 속에서 고통스럽고 지루한 연습을 견딜 수 있었을까?
우리의 수업은 열정적이진 않았지만 거르지 않고 매주 진행되었고, 기타는 조금 쳤지만 함께 음악을 듣고 연주하고 싶은 곡들을 고민하며 음악과 연주를 향한 관심은 놓지 않았다. 당시에 한창 장안의 화제였던 오디션 프로그램 <슈퍼스타K>를 함께 시청하기 위해 수업은 금요일 저녁으로 잡았다. 산만한 수업을 꾸역꾸역 끝내고 함께 방송을 보며 의지를 다잡고 다시 한번 기타를 잡아보지만, 소리는 나지 않는다.

"에이씨…." "하하하."

한숨과 웃음이 동시에 터져 나온다. 이렇게 놀이와 친목과 음악이 뒤섞인 산만한 레슨 중에도 실력은 늘었다. 주중에 연습을 하고 온 사람은 없었기에 아주 느리고 더뎠지만 소리들은 조금씩 나아졌다.

"일주일의 하루, 오늘 하루만 꾸준히 연습하셔도 늘어요. 주중에 연습 못 한다고 스트레스 받지 마세요."

내가 직장인 레슨반에서 가장 많이 하는 말인데, 이 말의 근거는 실타래처럼 끊어지지 않고 이어지던 그룹 레슨의 진화를 겪으며 얻은 생생한 경험담이다.

그룹 레슨의 복병

그룹 레슨의 효용을 절실히 느끼고 있던 때 강의하던 학원에 나의 경험들을 전하며 그룹 레슨 클래스를 만드는 건 어떨지 제안했다. 우선 시작은 커플이나 동료, 친구가 기타를 함께 배우러 온 경우 두 명을 함께 가르치는 그룹 레슨반을 만들자고 제안했다. 개인 레슨이 원칙인 학원에서 두 명을 한꺼번에 가르치다니 원칙에도 어긋나고 학원 매출에도 손해일 수 있다. 두 타임을 할애한 것만큼 레슨비를 받을 순 없으니 레슨비 책정도 다시 해야 한다. 하지만 나를 믿어보라고 설득했다. 한두 달 다니다 그만두는 것보다는 낫지 않겠느냐고.

결과는 성공적이었다. 학생들은 혼자 배울 때보다 확실히 지루함을 잘 견디며 연습했다. 함께 배우는 동료가 동지이자 감시자의 역할도 했다. 연습을 잘 해오지 않는다면, 오늘 수업을 빠진다면 등 나태해질 수 있는 순간마다 동료의 눈치를 보게 된다. 지치는 순간마다 동료에게 피해를 주지 않기 위해 아주 천천히라도 걸을 수밖에 없다. 레슨은 최소 6개월에서 1년 이상 지속되었고, 수업 분위기도 좋았다. 분명 개인 레슨을 할 때보다 진도는 뒤쳐졌다. 하지만 과정이 즐겁기에 다시 개인 레슨으로 바꾸고 싶어하는 학생은 없었다.

10명 이상이 함께 들을 수 있는 클래스도 만들어 보았다. 하지만 이 경우는 그룹 레슨의 장점이 발휘되지 못했다. 첫 수업은 분위기가 좋았지만, 금세 실력과 관심의 우열이 나뉘며 느슨하고 산만해졌다. '나 하나쯤 빠져도 괜찮겠지' 하는 생각에 결석도 잦았고, 잦은 결석으로 모든 게 리셋돼버린 이들의 기억을 되살려줘야 하는 수업은 힘이 빠졌다. 결국 단체 레슨은 폐지하고 두 명에서 네 명을 정원으로 한 그룹 클래스를 꾸준히 만들어 진행했다.

    이런 소규모의 그룹 레슨은 친구나 동료들이 함께 듣는 경우가 많지만, 가끔 부부나 커플이 찾기도 한다. 나란히 음악이나 악기에 관심이 있는 경우도 있지만 상대와 취미를 함께하고 싶거나 건전한 데이트 차원에서 오는 경우도 많았다. 출발이 다르기에 레슨이 중단되는 이유도 조금 달랐다. 단순 변심이나 지루함 혹은 손가락의 고통에 굴복해 그만두는 경우가 아닌 부부싸움, 다 툼, 이별이라는 복병이 존재했다.
어떤 부부는 1년 넘게 레슨을 받았는데, 집에서도 함께 연습하며 취미를 공유하는 이상적인 부부의 모습이었다. 게다가 실력도 나날이 늘고 있었다. 하지만 명절이 지난 직후에는 어김없이 한 사람만 수업에 나왔다.

"왜 혼자 오셨어요? 일 있으시면 날짜 미루셔도 되는데…."
"하, 그 사람 진짜 이기적이에요. 지금 서로 말 안 한 지 일주일 넘어가요."

난 슬쩍 기타를 내려놓는다. 수업은 끝났다 이미…. 가슴속에 불이 나고 있는데 지판 계명이 눈에 들어올 리 없다. 싸움의 발단과 서운한 배우자의 태도에 대한 이야기가 시작되었다. 그렇게 그녀, 어느 날은 그의 넋두리를 들어주다 한 시간이 지난다.
"아휴, 지금 연습 멈추시면 안 돼요. 지금까지 배운 거 다 처음으로 돌아간다고요. 다음 주엔 꼭 함께 나오세요."
기타를 핑계 대며 부부의 일에는 말을 최대한 아낀다.

그러다 다음 수업에 함께 오면 아무 일도 없었다는 듯 명절 덕담 따위는 묻어두고 기타 연습에만 집중한다. 그렇게 위기의 순간을 넘나들던 부부는 또 한 사람만 나오기를 한 달여, 결국 남은 한 사람마저 연락 없이 수업에 안 나왔다. 그 뒤로 두 분을 보진 못했지만, 아무 일 없이 함께 연습을 이어가고 있으리라 믿는다.

기타는 엉덩이로

 같이 배울 친구나 가족이 있다면 다행이지만, 주변에 함께 배울 사람이 아무도 없다면? 그런 이들을 위해 가끔 음악에 관심이 있는 문화 공간들과 조율해 불특정 다수를 위한 단체 레슨을 기획하기도 한다. 가장 최근에는 홍대 근처에 자리한 음악 서점 '라이너 노트'에서 기타 교실을 수개월간 진행하다 코로나로 인해 중단되었다.

 처음 만나는 사람들이 책과 기타라는 공통 주제로 서점 책상 앞에 옹기종기 모였다. 간단한 자기 소개 후 낯섦도 잠시, 손가락 통증으로 인한 신음과 퉁퉁거리는 이상한 소리에 분위기는 금세 화기애애해졌다. 매주 만나서 고통을 나누다 보면 아무리 내성적인 사람들도 천천히 마음을 열고 고통을 토로하기 시작한다. 처음 한두 달은 손가락이 아파 기타 연습만으로 1시간을 채우는 게 불가능하다. 잔뜩 웅크린 마음과 몸의 긴장을 풀어 주기 위해 시시껄렁한 이야기들을 건넨다. 그러다 분위기가 풀리면 좋아하는 음악 이야기를 시작으로 서로의 생활과 궁금증들을 나눈다. 그렇게 천천히 사람과, 그리고 기타와 가까워진다. 이렇게 진행되는 기타 수업은 어느새 정해진 시간만으로는 아쉬운 마음이 들기도 한다. 헤어지기 아쉬운 날은 자연스럽게 2차로 이어진다. 학생들끼리 맥주를 한잔하고 헤어졌다는 후문을 전해 들으면 그렇게 뿌듯할 수가 없다.(코로나 때는 이런 시간들이 없어서 너무 아쉬웠다. 그나마 수업도 사라졌지만.)

어느 정도 곡 연주가 가능해지면 내가 피아노 반주를 해주며 함께 연주를 한다. 그러다 어려운 코드가 나오는 마디에서 동시에 노래가 툭 끊겨버린다.

"푸하하!"

약속이라도 한 듯 '칼박' 정적에 동시에 웃음이 터진다. 함께라면 마음처럼 움직여주지 않는 손가락이 그저 스트레스로만 다가오기보다 한 번 더 웃을 수 있는 소재가 되어 준다. 그리고 다시, 또 다시 연습한다. 여전히 소리는 나지 않는다.

"나 아무래도 재능이 없나봐요."
"○○님 저보다 소리 잘 나는 것 같은데요."
그러다 건너편에 있는 수강생이 말을 보탠다.
"아니에요, 제가 제일 못해요."
마음처럼 호락호락 늘지 않는 실력에 무너질 법한 마음을 서로 앞다투어 자신의 재능 없음을 자랑하며 위로한다. 나는 한마디도 보탤 필요가 없다.
"연습이 재능입니다. 타고난 재능이란 없어요! 기타는 어디로 치는 거다?"
시무룩한 목소리로 함께 외친다.
"엉덩이로!"

나만의 반려 악기 만들기

그룹 레슨을 진행하며 새로운 고민이 생겼다. 수업을 지루하지 않게 끌고 가는 것은 성공했으나, 사람마다 각기 다른 진도와 습득 능력, 기타를 배우며 그리는 꿈이 제각각이기에 그들 모두의 요구와 원하는 바를 충족시켜줘야 한다는 강박이 나를 짓눌렀다. 수업을 끝내고 집으로 가는 발걸음이 무거웠다. 오늘 수업에서 놓친 부분에 대한 아쉬움이 연신 머리 속을 스쳤다.
질문과 걱정이 많은 학생을 돌보느라 묵묵히 연습하는 학생들을 챙기지 못한 것은 아닌지, 잘하는 사람을 칭찬하는 순간 습득이 느린 한 사람이 소외감을 느끼지는 않았는지, 점점 벌어지는 진도를 어떻게 해결해야 할지…. 수업은 즐거웠지만 매번 어려웠다.

그룹 레슨을 처음 할 때는 누구에게 진도를 맞춰야 할지 고민이 많았다. 고민 끝에 나는 학생들에게 양해를 구하고 조금 습득이 느린 사람에게 맞춰가기로 했다. 그

양해라는 것이 누구누구는 조금 늦어지니 그분을 위해 천천히 가자, 라는 식의 양해가 아니다.

"코드를 잘 누르시는 분들은 리듬에서 힘들어 하시더라구요. 매번 엎치락뒤치락 할 거예요. 우선 오늘 잘 안 되시는 분들에게 맞춰 갈게요. 제가 봤을 땐 사실 거기서 거기예요. 잘 되는 것 같아도 꼼꼼하게 연습하고 넘어가면 나중에 좋겠죠?"

습득이 느린 사람을 배려한 말이 아니다. 이건 정말 사실이다. 재능은 제각각이라 한 가지를 못하는 사람이 열 가지를 못하지 않는다. 잘하는 그룹을 넘어설 그 사람만의 무기가 어디선가 꼭 발현된다. 위축되어 있는 학생에겐 난 꼭 이 점을 강조해서 알려준다. 배움의 과정에서 엎치락뒤치락할 뿐 결국 듣기 힘든 소리가 나는 것은 매한가지다. 끝까지 가는 자가 승리하는 것이다.

여럿이 모여서 한 곡을 연습하다 보면 습득하는 속도도 다르지만, 각양각색의 연주 스타일을 보는 재미도 있다. 악기라는 것은 연주하는 사람을 비추는 거울이기에 연주에 그 사람의 성격이 고스란히 드러난다. 아무리 빨리 쳐보라고 해도 느리게 연주하는 사람이 있고,

템포를 좀 늦춰보라고 말해도 빠르게 연주하는 사람이 있다. 느리게 치는 게 어려운 사람은 빠르게 치기를 어려워하는 사람을 보며 갸웃한다.

"두 분의 스타일이 섞이면 완벽할 텐데!"

여러 사람의 연주를 보며 터득한 재밌는 사실은 연주 속도는 평소 말하는 속도와 일치한다는 것이다. 아무리 초보라 해도 자신도 모르게 기타로 자신만의 스타일을 담아 소리를 내게 마련이다.

함께 연습하면 같은 노래를 제각각 연주하는 사람들을 보며 신기해하기도 하고 내가 못 하는 것을 빠르게 습득하는 사람을 보며 연습에 박차를 가하기도 한다. 이렇게 느리게 느리게 진행되는 기타 수업은 악기와 음악의 폭을 더 깊게 느끼며 나아가게 하는 것 같다. 정상을 향한 무한 질주가 아닌, 옆의 동료도 보고 풍경도 바라보며 천천히 걷는 깊고 담백한 시간.

담백한 시간이라고? 막상 수업을 듣는 학생들은 자신들의 고통과 지난한 과정들을 읍소하며 주먹을 불끈 쥐겠지만 전공생들이 겪었을 동료들과의 경쟁, 자신과의 외로운 싸움과 비교한다면 분명 이 길은 콧노래를 흥얼거리며 걷는 오솔길이 맞습니다!

예전의 나였다면 상상하기 어려웠던 수업 방식이다. 다양한 고통을 호소하는 학생들에게 쉽게 얻으려 하지 말라고 시니컬하게 반응했을 테지만 나이가 들수록 조금이라도 더 즐기면서 얻어보자는 유연함이 생겼다. 나처럼 반복적이고 단순한 연습을 즐기는 사람이 있다면 다행이지만 확률상 그런 사람은 많지 않다. 대단한 테크닉을 가르쳐주려는 강박에서 벗어나 음악과 악기라는 것이 마냥 어렵지만은 않다는 것, 생활 속에 가까이 두고 오래 함께할 수 있도록 만들어 주는 것이 나의 역할임을 레슨을 시작하고 아주 오랜 시간이 지나서야 깨달았다.

평생 함께할 오랜 친구를 만드는 일. 지치고 힘든 밤 못난 마음이 고개를 들 때 날 위로해줄 수 있는 가장 가까운 친구. 물론 친해지기까지 참 많은 고통과 인내가 따르고, 시간을 쏟아부어야 하지만, 절대 날 배신하지 않고 묵묵하게 내 곁에 있어 줄 나의 악기를 만드는 일, 멋지지 않은가!

금요일 저녁, 한 사람이 한 손엔 떡볶이를 다른 한

손엔 기타를 들고 들어온다. 곧 또 다른 한 명이 맥주를 들고 어깨엔 기타를 메고 들어온다. 약속한 적도 없지만 자연스럽게 완벽한 메뉴가 구성된다. 기타 수업을 후다닥 하고 만찬을 즐기거나 저녁을 먹고 기타 레슨을 한다. 일주일 동안 밀린 얘기를 나누고 기타를 치고 맥주를 마신다. 각자 연주하고 싶은 노래들을 얘기하고, 새로 들었던 음악을 공유한다.

    이렇게 진행된 기타 교실은 실력은 늘지 않고, 우정만 쌓여간다. 하지만 그러면 좀 어떤가. 음악으로 기타로 즐거웠고 기타 실력도 아주 조금은 늘었으니.

02
때때로 조급하고,
멈추고 싶은 순간이 오더라도

악기와 친해지기

첫 수업, 학생이 나와 마주 앉으면 기타를 어디에 어떻게 올려놔야 하는지 난감해한다. 기타 치는 건 흔하디흔하게 봤지만 막상 자신의 무릎 위에 올려놓으니 어색해서 어쩔 줄 몰라하는 학생을 향해 말한다.
"그냥 편하게 안으시면 돼요."

클래식 기타에는 정석이라 일컬어지는 자세가 있지만 일반 어쿠스틱 기타를 연주할 때는 정해진 자세란 없다. 그냥 편~하게 올려 놓으면 된다. 하지만 편하게라니…. 이 얼마나 무책임한 말인가! 어떻게 올려놓아도 편할 리 없다. 당황한 학생은 왼쪽 다리와 오른쪽 다리를 번갈아 꼬았다 풀었다 하며 어정쩡하게 다리를 벌리고 기타를 올려놓는다. 가까스로 자세를 잡고 새로운 지판과 코드에 적응하려 하다 보면 이번엔 피크가 말썽이다.

"피크가 자꾸 돌아가고 떨어져요. 왜 그럴까요?"
"피크를 잡은 손에 힘이 들어가서 그래요."

피크가 기타 몸통 속에 들어가는 것도 여러 번, 그때마다 둘이 일어서서 기타를 거꾸로 들고 빠진 피크가 홀 밖으로 빠져나올 때까지 흔들다 지쳐 빵 터진 일도 많다. 시간이 지날수록 더 가관이다. 손가락이 아픈 것도 짜증나는데 어깨에서 팔까지 저릿하기까지 하다. 기타는 자꾸 아래로 미끄러져 내려가고 악기를 고정시키려는 상체에는 다시 힘이 들어가는 악순환이 반복된다. 자꾸만 힘을 빼라는 나의 반복된 말에 짜증이 났는지 볼멘소리를 쏟아냈다.

"힘을 빼면 줄을 못 누르겠고, 소리도 안 나는데요."
"음…. 악기와 좀 친해지시면 되는데요."
"네?"

처음 보는 두 사람이 만나서 갑자기 친해질 수 없듯이 내 몸이 악기를 편하게 받아들일 수 있기까지는 어느 정도 시간이 필요하다. 낯설고 불편한 기타를 안고 고정

된 자세로 계속 집중해 연주하다 보면 어깨와 목, 팔에 지나치게 힘을 주게 된다. 당연히 소리는 안 날 테고, 온 사지가 쑤시고 아프다. 가끔 "집에서 티비를 볼 때 기타를 그냥 안고 계셔 보세요"라는 다소 엉뚱해 보이는 솔루션을 주기도 한다. 연습을 하면서 나만의 자세를 만들어가고 편해진다면야 더할 나위 없지만 그저 기타를 내 몸에 올려놓고 자주 잡아보는 것도 기타와 친해지는 데 적잖게 도움이 된다. 그렇게 안고 있다가 나도 모르게 연습을 하고 있는 자신을 발견하게 될 수도 있을 것이라는 선생님의 큰 그림.

나는 학생들에게 기타를 절대 기타 가방에 넣어두지 말라고 말한다. 고가의 기타라면 안 되겠지만 어차피 초보들이 사용하는 저가 기타는 막 사용해도 괜찮다. 그래서 처음엔 저렴한 악기를 권한다. 그냥 소파 옆에 세워두고 오며가며 잠깐 치고 세워두고 하면 된다고 말한다. 나조차도 기타 케이스에 안전하게 들어가 집 한켠늘 거기 있던 가구처럼 자리한 기타를 하염없이 바라보기만 할 때가 있다. 가방의 지퍼를 열기까지는 엄청난 의지가 필요하다. 의지 박약이라며 자신을 원망하지 말고 가장 많은 시간을 보내는 곳에 꺼내서 세워두면 한 번이라도 더 쳐보게 된다. 막상 잡으면 소리가 안 나니 짜증은 좀 나겠지만…. 소리는 진짜 어느 날 짠! 하고 찾아온다. 스스로를 믿어 보시라.

악기를 연주하는 절대적인 시간보다도 기간—나는 '밥그릇 수'라고 표현하곤 하는데—기타를 10시간씩 친 한 달보다 많이씩은 아니라도 가끔 치며 보낸 일 년이 더 값지다. 그만큼 악기를 잡고 내 몸에 힘을 빼는 데는 얼마간의 시간과 기간이 필요하다. 나이가 들수록 더 느린 것도 사실이다.

결론은 하루아침에 당장 힘을 빼고 편하게 연주를 할 수 있는 것이 아니니 너무 초조해하지 말라는 것이다. 조급한 마음이 섞이면 악기라는 새로운 언어의 도구와 친해지기 어렵다. 꾸준히 안고 치고 만지고 하다 보면 팔 안에서 겉돌던 악기가 나도 모르는 새 척 안겨서 자리를 잡고 있을 것이다.

저 박치인가요

　　박치, 음치의 정확한 기준이 무엇인지는 모르겠지만 지금까지 레슨을 하면서 교정이 불가한 박치는 만나보지 못했다. 그러니 혹시 '내가 박치일까' 하는 걱정은 모두 접어두길 바란다.

나에게 기타를 오랫동안 배우던 어르신이 있었다. 60대 중후반으로 보이는 외모에 말끔하게 정돈된 헤어스타일과 차림새를 하고 와 수업 시작 전 외투를 벗어 피아노 위에 단정하게 올려놓고 셔츠 소매를 걷어 올린다. 기타를 잡고 깔끔하게 정리해둔 인쇄물을 펴고 연습을 시작한다. 항상 차분하게 내 얘기를 경청하며 꾀를 부리거나 고집 부리는 법 없이 주어진 것들을 열심히 연습했다. 함께 있으면 자연스럽게 내 허리를 곧추세우게 되는, 여러모로 본받고 싶은 어른이었다.

성실하게 수업에 나온 결과, 조금은 더디지만 코드도 어느 정도 익혔고 안 좋은 습관도 많이 고쳐 모든 게 점점 나아지는 중이었다. 나는 조금 욕심을 내어 리듬이 있는 다양한 주법들을 가르치기 시작했다. 그런데 여기서 큰 난관이 생겼다. 내가 설명하는 리듬을 전혀 이해하지 못했고, 기본 리듬 외에는 좀처럼 응용이 되지 않았다. 뻣뻣한 팔이 마음처럼 따라주지 않자 스스로를 자책하기 시작했다. 본인의 나이와 몸, 박자 감각을 탓하며 기타를 포기해야 할 것 같다고까지 했다. 어떻게 여기까지 온지 알고 있기에 이대로 포기하게 둘 순 없었다. 나도 큰 고민에 빠졌다. 악보도 못 보는 학생에게 4분 음표와 8분 음표를 설명하는 건 경험상 크게 의미가 없다. 어떻게 하면 박자와 리듬을 쉽게 익힐 수 있을까?

리듬 수업에 앞서 꼭 해보는 테스트가 있다. 비트가 있는 팝 음악을 틀어놓고 마음 가는 대로 음악에 맞춰 박수를 쳐보라고 하는 것이다. 나이고 성별이고 상관없이 취미로 기타를 배우러 온다면 꼭 시켜본다. 가끔 어린 친구들은 '이렇게 쉬운 걸 나에게?' 하는 다소 의아한 표정으로 박수를 치기 시작한다. 하지만 웬걸, 자신 있게 시작했던 학생도 힘껏을 치다가 뭔가 이상하게 흘러가는 것을 감지하며 멈춘다. 뜻밖의 자신과 맞닥뜨린 학생은 곧 충격에 빠진다.

"선생님 저 박치인가요?"

처음엔 나도 충격이었다. 그래, 곰곰이 생각해보니 공연 때마다 관객석에서 이상한 박자로 박수를 쳐서 곤혹스러웠던 적이 많았다. 연주자들은 최대한 관객의 박수를 자진 뮤트한 채 연주를 이어갔다. 모 가수는 공연 중에 관객에게 박수를 치지 말아달라고 부탁했다. 나는 그 말을 이해했지만, 불쾌해하는 관객도 다수였다. 아마도 본인이 이상한 박자로 박수를 치고 있었을 거라고는 상상도 못 했을 것이다. 혹시 이런 것이 박치를 구분하는 기준이 될 수 있다면 국민의 반 이상은 박치라고 할 수도 있겠다.

"음악에 맞춰 박수를 쳐보세요!"라고 주문하면 자신 있게 박수를 치는 학생도 있지만, 어딘지 쑥스러워 쭈뼛쭈뼛 팔을 드는 경우가 대부분이며 소리도 나지 않게 시늉만 하다가 멋쩍은 웃음을 짓는 이가 많다. 박치는 아마도 무뚝뚝한 우리의 국민성에서 나온 건 아닐까.

가령 게임을 하다가 진 사람에게 혹은 익살스럽게 상대를 골탕 먹이고 싶을 때 일어서서 노래 한 번 불러보라고 시킨다. 남들 앞에 서서 노래를 부르는 것은 흥이 아닌 벌칙이었다. 그런 문화 속에서 자란 우리는 선생님

앞에서 고작 박수 치는 것마저도 쑥스럽다.

친한 언니가 나에게 "술도 안 마시고 맨정신에 남 앞에서 노래를 부르다니 너 대단하다"라는 우스갯말을 한 적이 있다. 남 앞에서 주목을 받으며 무언가를 하는 것, 그것은 '장기'인 동시에 '벌칙'이기도 했다.

어르신에게 음악을 틀어 놓고 박수를 한 번 쳐보시라고 했다. 하아… 큰일이다. 박수는 2박 3연음도 아닌 것이 알 수 없는 미궁의 박자로 흘러가고 있었다. 어쩔 수 없다. 나는 자리에서 일어나 점잖은 어르신을 결국 일으켜 세웠다. 그리고 음악에 맞춰 제자리 걸음을 걸어 보이며 함께 걸어보자고 했다. 처음엔 민망해했지만 곧 박자에 맞게 발을 움직였다. 그렇게 한 곡이 끝나고 좁은 방안에서 둘이 음악에 맞춰 걷고 있는 모양새에 웃음이 터져 나왔다. 이번에는 손뼉을 치며 발을 굴렀다. 멋쩍어하는 어르신이 조금이라도 덜 민망하도록 내가 더 오버를 하며 소리를 내고 박수도 치며 함께 걸었다.

"선생님(난 어르신을 선생님이라고 불렀다), 좋아하시거나 즐겨 듣는 노래 없으세요?"
"글쎄요, 갑자기 물으시니… 뭐가 있을까."

그날부터 날이 선 셔츠의 소매 깃을 접어 올리고 기타가 아닌 발 구르기와 손뼉 치기로 수업을 시작했다. 처음엔 어색해했지만 어느새 꽤 흥겹게 발도 구르고 손뼉도 쳤다. 리듬은 더뎠지만 나날이 좋아졌고, 나중엔 핑거 스타일 기타 연주곡도 연주할 수 있을 정도로 실력이 늘었다.

예전에 문창과의 한 교수님이 "예술가가 버려야 할 덕목 중에 겸양의 덕이라는 것이 있다"라고 한 적이 있다. 악기 연주를 위해 버려야 할 것은 틀리지 않으려는, 남들 앞에서 실패하는 모습을 보이지 않으려는 강박인 것 같다. 박수를 한 번 치더라도 남들의 시선을 의식한다. 어떻게 해야 맞게 치는 것인지 내가 박자에 맞게 치고 있는 것인지 골몰하느라 정작 음악의 리듬은 듣지 못한다.

운동이나 악기를 배울 때 선생님에게서 가장 많이 듣는 말은 "힘을 빼세요!"다. 억눌리고 긴장된 몸을 조금 '릴렉스'하는 것. 내 몸이 음악의 질서에 자연스럽게 녹아들 수 있게 힘을 빼는 것. 그리고 뻔뻔해지는 것.

내가 박치인 것 같다면, 혹은 박치일까봐 두렵다면 일상 속에서 음악이 나오면 머리를, 어깨를, 발을, 손을 꿈틀거리며 자연스럽게 리듬에 맞춰 내 몸이 흘러가도록 긴장을 내려놓아 보자. 박치는 타고 나는 것이 아니라 우리의 마음속에 있다.

F 코드의 비기

"기타는 얼마나 치셨어요?
"그냥 코드 조금 배우다가 말았어요."
"F 코드 잡을 수 있으신가요?"

F 코드는 초보 안에서 레벨을 나누는 지표 같은 것이다. F 코드 소리가 제대로 난다면 다음 단계로 넘어가기에 조금 수월하다. 소리가 나지 않거나 잡을 수 없다면 소리를 내기까지 꽤 많은 시간과 노력을 들여야 한다.
"F 코드 소리는 언제쯤 날까요?"
"...." (긁적긁적)

수없이 받는 질문이지만 대답은 매번 어렵다. 대답이 어려운 이유는 당신이 생각하는 것보단 훨씬 오랜 시간이 지나야 소리가 날 것이기 때문이다. 대신 F 코드를 어려워하는 학생들에게 매번 해주는 이야기가 있다. 10명의 학생이 기타를 배우러 온다. F 코드를 익히는 중

3명 정도가 그만둔다. 그러니까 당신은 지금 그 첫 번째 고비에 와 있는 것이다, 지면 안 된다, 라고 사기를 북돋우는 것 외에 내가 할 일은 딱히 없다. '아이 참... 소리가 나든지 말든지' 하는 마음을 갖게 될 즈음, F 코드엔 관심도 없어질 때, 아마도 '짠' 하고 소리가 나게 될 거라는 사실을 어떻게 설명해주어야 할까.

옛날 옛적 무식이 용감이던 때, 우리 학원에선 왼손가락에 고무줄을 끼우고 연습을 하는 기행이 유행했다. 손가락 근육을 단련해야 한다는 명목이었다. 고무줄 크로매틱을 한 시간씩 하고 쉬는 시간엔 악력기를 쥐고 계속 손가락을 접었다 펴는 운동을 하며 서로 자신이 얼마나 기타 연습에 진심인지 겨루곤 했다.

이런 저런 방법으로 연습을 해보며 느낀 결론은 악기 연주할 때와 일상 생활에서 쓰이는 근육은 다르다는 것이다. 기타 연주자의 왼손을 가만히 지켜보자. 그들은 코드를 누를 때 생각보다 힘을 세게 주지 않는다. 힘은커녕 왼손은 리듬에 맞춰 무심한 듯 가볍게 지판을 오르내리며 움직인다. 연주자의 가벼운 왼손을 보고 흉내 내서 '사알짝' 눌러본다면, 역시 소리는 나지 않을 것이다. 만약 온 힘을 다해 누른다면? 그 경우 또한 여섯 줄이 고르게 눌리지 않고 잔뜩 힘을 준 왼손 때문에 오른손의 균형이 깨지면서 둔탁한 소리가 날 것이 분명하다. 결국 힘과 양손의 균형이 어우러져야 하는데 이걸 연주와 무관한 악력기로 백날 단련해봐야 무슨 소용이 있을까.

힘과 소리의 균형, 그 섬세한 영역은 내 몸으로 자연스럽게 익혀야 한다. 논리적으로는 설명이 불가능한 영역이다. 머리로 이해했다 해도 이해한 것을 내 손가락에 명령하는 순간! 그 마디는 이미 지나가버렸다. 몸으로 반응하는 것이 먼저고 이해는 나중이다. 그래야 속도가 맞는다. '반사적'이라는 말로 밖에는 설명할 수가 없다. 그래서 나는 악기 연주를 보통 스포츠에 비유하기도 한다. 머리가 아닌 몸이 기억할 때까지 악기를 잡고 누르고 치는 행위를 반복하는 것 외에 딱히 요령이 없다.

F 코드의 비밀을 말해줄 것처럼 하면서 여기까지 왔는데, 결론은 요행을 바라지 말고 그냥 하다 보면 언젠가 소리가 난다는 말입니다. 그냥 잊으세요. 언젠간 나겠죠.^^

잡아는 봤나 하이포지션 코드

F 코드에서 아주 조금 자유로워졌다면 하이포지션 코드라는 것을 배우게 된다. 흐음…. 이름이 거창하지만 말 그대로 높은 포지션에서 잡는 코드, 라고 이해하면 된다. 기타는 구조상 개방현현을 누르지 않고 튕기는 것에서 울리는 음들이 정해져 있기에 개방현을 이용해 모든 코드를 소화하는 건 불가능하다. 다채로운 코드 보이싱과 탑 노트화음에서 가장 높은 음의 배치 등 조금 더 확장된 사운드를 만들기 위해 여러 포지션에서 응용할 수 있는 규칙을 익히고 외운다. 피아노로 바꿔 생각한다면 '인버전(inversion)'의 개념과 조금 비슷할 수도 있겠다.

새로운 수강생 10명이 찾아와서 F 코드를 배우고 3명이 그만뒀다면, 나머지 7명 중 4명은 하이포지션을 배우기 시작하면서 그만둔다. 그만큼 외울 것도 많고, 손가락도 아프고 소리도 안 난다. 가뜩이나 F 코드 소리가 안 나서 미치겠는데 F 코드 모양의 운지손 모양를 기본

값으로 두고 변형을 해야 하니 산 넘어 산이다. 한참 설명을 하고 시범을 보이면 이 상황을 믿을 수 없다는 듯 아연실색한 학생들이 나에게 묻고 또 묻는다.
"선생님, 이게 돼요?"

레슨 초짜 시절엔 고집스럽게 모든 사람들에게 하이포지션 코드의 개념을 주입시키느라 애를 썼지만 지금은 받아들일 수 있는 학생인지 아닌지를 먼저 살펴서 진도를 나간다. 나의 고집으로 학생들이 기타를 포기하게는 하고 싶지 않기 때문이다. 조금 돌아서 가더라도 쉬운 코드 안에서 연주의 재미를 느낄 수 있게 만들어주며 천천히 때를 살핀다. 지금 나와 꾸준히 연락을 하고 있는 친한 레슨생, 아니 이젠 나에게 중요한 지인이 되어버린 그들 안에서도 하이포지션을 배운 그룹과 안 배운 그룹이 나뉜다. 외우는 거 싫고 귀찮고 손가락 아픈 건 더욱 더 싫은, 하지만 음악은 너무 좋고 기타도 계속 치고 싶은 그룹은 하이포지션 패스! 정현 언니처럼 모범생 스타일로 선생님이 물어다 주는 모이를 꼬박꼬박 잘 받아먹는 학생들은 하이포지션을 넘어 재즈 컴핑 반주까지 확장해간다.

지금은 나의 베프가 된 옛 수강생 두 명, A양과 B군은 그래픽 디자이너다. 둘은 직장 동료로 주말 낮, 내 작업실에서 1년가량 레슨을 받았다. 둘 다 음악을 좋아하고 센스도 있는 친구들이라 금방 따라오겠거니 했지만, 시간이 지나도 실력은 나아지질 않았다. 인내심 갑인 두 친구는 한 번 레슨을 오면 세 시간이 지나도 갈 생각을 안 했다.

"너희 이제 그만 가!"라며 선생님이 강제로 수업을 끝낼 정도였는데, 진도는 매번 제자리였다. 결국 둘은 1년이라는 시간 동안 하이포지션의 벽을 넘지 못하고 헤어졌다. 1년이 다 되어가던 어느 날, 기분 좋게 존 레논의 <Imagine>을 시작했지만 여전히 하이포지션 코드로 연주해야 하는 마디에서는 소리가 나지 않았다. 나의 레슨 역사상 이런 학생들은 처음이었다.

도대체 문제가 뭘까? 내가 뭘 놓치고 있는 걸까? 그래도 성격 좋은 학생들은 지치지 않고 누구보다 열심히 연습했다. 나중엔 에라 모르겠다. 맥주 한 캔 따고 그냥 소리가 나든 말든 즐겁게 노래 부르면서 기타를 치다 헤어졌다. 그렇게 일 년간 실력은 늘지 않고 정말 우정의 꽃만 활짝 피었다.

정현 언니와의 레슨을 근거로 '3년을 배우면 여기까지 치실 수 있어요'라는 경험치가 만들어졌다면, 두 친구와의 시간을 통해 '1년을 배우셔도 소리가 안 날 수 있어요'라는 경험 데이터가 새롭게 추가되었다. 어느 날 첼로를 열심히 연습하는 나를 보며 A양이 말했다.
"나도 바이올린 배워볼까?"
"…"
나는 차마 대답을 할 수가 없었다.

뭐든 사자!

 기타를 배우다 보면, 아니 운동이든 다른 악기든 새로운 무언가를 배우다 보면 잘하든 못하든 고비가 오게 마련이다. 사람마다 시점은 각양각색이지만 대체로 기타 코드를 얼추 외우고 소리도 어느 정도 나서 연주에 조금 자신감이 붙었을 즈음인 것 같다. 초보 때는 더디지만 조금씩 천천히 실력이 느는 게 보인다. 그러다 일정 수준이 되면 계단식으로 실력이 는다. 제자리 걸음을 하고 있는 기간이 길게 이어지다 어느 날 훅 나아간다. 높은 계단을 성큼 오르기 바로 전 단계, '난 아닌가봐…' 하는 자책이 몰려오는 그 시기와 마주하게 되면 난 외친다.
"뭐든 사자!"
쇼핑이 당신의 지루함을 구원할 것이다.

 첫 시간, 학생이 어떤 기타를 사야 할지 묻는다.
"인터넷에서 통기타를 검색해서 가장 싼 것을 찾아보

고, 그중 그나마 디자인이 맘에 드는 걸로 고르세요."
그렇게 고른 뒤 결제 직전에 나에게 검사만 받으라고 말한다. 가끔 클래식 기타나 미니 기타를 고르는 경우가 있어서 그것만 제외한다면 사실 아무거나 사도 괜찮다. 그리고 비로소 고비가 찾아왔을 때 조금 좋은 기타로 바꾸라고 슬쩍 권한다. 그때가 되면 좋은 기타의 소리를 들려주고 내가 쓰고 있는 기타도 빌려주며 쳐보라고 말한다.

만약 악기를 업그레이드할 재정적 여건이 안 된다면 하다못해 보면대라도 사라고 권한다. 우선 버티는 것 외에 큰 답이 없기 때문에 외부적인 상황으로 리프레시하며 이 난관을 견뎌보자는 의미다.

근데 이게 묘하게 효과가 있다. 새 악기, 혹은 새 장비로 한 달 정도는 기분 좋게 연습을 이어갈 수 있다. 그리고 또 지루해진다면, 또 다른 것을 사자! 그렇게 시간을 흘려보내고, 쌓아가다 보면 어느 날 절대 나지 않던 코드의 소리가 시원하게 울려퍼지는 그날을 맞이하게 된다.

에프~~~~~.

새로 산 울림 좋은 기타에서 아주 청명하게!

굳어버린 근육

　나의 첫 첼로 선생님이 현악기는 8세 이전에 시작하지 않으면 많은 부분을 포기해야 한다는 무시무시한 얘기를 한 적이 있다. 사실 정확하게는 "8세 이전에 시작하지 않으면 안 된다"라고 했다. 내가 각색한 표현은 선생님의 의중을 최대한 긍정적으로 해석해 내가 받아들인 의미다. 어떤 맥락에서 이 얘기가 나왔는지는 기억나지 않지만, 서른을 훌쩍 넘겨 어정쩡하게 첼로를 안고 있는 나에게 굳이 왜 이런 이야기를 했을까? 너무 무서운 말이라 그날의 공기와 선생님의 목소리가 선명하게 기억난다.

친구들과 우스갯소리로 나는 항상 지각 인생이라는 말을 많이 했다. 진로 선택의 헛발질 이후 대학 입학부터 사회 생활까지 모든 게 연달아 늦어졌다. 이젠 늦는 거 따윈 두렵지 않았다. 그런데 안 된다니! 안 된다는 건 너무 무섭잖아.

스무 살 무렵, 기타 학원에서 몇 달 동안 죽어라 연습해도 안 되던 테크닉이 있었다. 나보다 뒤늦게 시작한 중학생이 며칠 만에 그 테크닉을 너무 쉽게 해내는—그것도 내 앞에서 보란 듯이—것을 보며 당혹감을 넘어 혼란스러움을 느꼈다. 연습은 정직하다고 믿었는데…. 내가 들인 노력만큼의 결과를 예상할 수 있기에 연습하는 과정을 좋아했다. 하지만 현실은 그렇지 않았다. 중학생 아이는 점점 우리가 따라갈 수 없을 정도로 보폭을 늘리며 앞서갔다. 놀라운 속도로 늘어가는 아이의 실력은 함께 연습을 하던 20대들에게 큰 충격이었다.

'단순히 시작이 늦었다는 이유로 꿈을 포기해야 하는 것인가.' 당시 나는 내가 할 수 없는 것은 빠르게 포기하고 그 속에 매몰되지 말자고 다짐했던 것 같다.

기타를 포기할 순 없었다. 테크닉이 좋은 연주자를 뛰어넘을 내가 그들보다 더 잘 할 수 있는 것에 관해 생각했다.

근육이 말랑말랑할 때(첼로 선생님의 표현) 해야 되는 것들이 분명 있다. 나의 첼로 선생님이 '안 된다'고 했던 말의 뜻을 나는 안다. 어느 날 나의 학생이 이상한 손가락 운동을 배워 와서 나에게 보여주며 물었다.

"선생님, 50살 이후에 악기를 시작하는 사람은 이 운동을 해야 한데요."
너무 웃긴 동작에 웃음부터 터졌다.
"누가 그래요?"
"유튜브에서 봤어요. 근육이 이미 굳어서 이렇게 감각을 깨우고 길러줘야 한다고."
그래서 티비를 보거나 차를 타고 다닐 때 짬짬이 그 운동을 하고 있다고 했다. 얼마나 절박하고 답답했으면 그런 이상한 이야기까지 믿고 실천까지 했을까.
"그런 거 하지 마시고 더디지만 저를 믿고! 그냥 계속 연습해 보세요. 악기 다루는 근육은 악기를 잡아야 길러져요. 다른 운동은 없어요. 연습이 운동입니다!"
늦으면 절대 불가능한 것인가? 학생 앞에서는 자신 있게 말했지만 나도 아직 이 질문의 답을 찾지 못했다. 친한 첼로 연주자에게 물었다.

"얼마나 연습해야 좋은 소리가 날까요?"
"아마 30년쯤?"
"그럼 저도 70살에는 좋은 소리를 낼 수 있겠네요?"
"…"

오랫동안 꾸준히 하는 것, 나의 무기는 그것밖에 없다. 근육도 굳어 있고 반짝이는 천재성도 없다. 무디고 뭉툭한 칼날을 오랫동안 갈고 닦는다면 뭐라도 자르겠지. 오늘도 이렇게 나를 위안하며 악보를 펼친다.

03
사람들과 함께 짓는
음악의 숲

나에게 잘린 첫 레슨생

　　영주 언니와의 첫 만남은 15년 전으로 거슬러 올라간다. 2007년 지인이 홍대 주차장 골목 초입에 카페 겸 와인 바를 열었다.(그러고 보니 그 지인과의 인연도 기타 레슨으로 시작되었다!) 오픈 준비 때 매장에 틀 음악 선곡을 도우며 자주 드나들었고, 문을 연 후에도 그곳은 연습이며 공연이며 홍대 앞을 지날 때마다 들르는 참새 방앗간이 되었다. 어느 날 카페 사장님이 자주 오는 손님 중에 기타 선생님을 찾는 사람이 있다며 방문 레슨을 해보지 않겠느냐고 물었다. 방문 레슨이라… 선뜻 내키지는 않았지만 며칠 고민 끝에 약속을 잡았다.

　　한파로 꽁꽁 얼어버린 12월 어느 날, 홍대 입구역에 내려 마을버스를 갈아타고 눈과 흙이 뒤범벅된 길을 걸으며 왜 내가 이걸 하겠다고 했는지 자책했다. 두꺼운 외투에 기타까지 짊어지고 한참 길을 헤매다 집 골목에 다다랐을 땐 이미 지쳐버려 그냥 집으로 가고 싶었다.

언니네 집 통 창에서 새어나오는 따스한 조명이 어둑한 골목을 비췄다. 약간의 짜증과 피로가 뒤섞인 기분으로 벨을 눌렀다. 사자머리에 키가 큰 여자가 반갑게 문을 열어주었다. 나는 언니가 안내한 멋진 의자에 앉아 방금 백화점에서 사왔다는 와인과 음식을 대접받았다. 외관만큼 아름다운 집 내부를 살펴보느라 창피함도 잊고 멍하니 앉아 있었다. 은근히 촌스러운(영주 언니의 표현을 빌어) 나에게 그런 공간은 또 다른 경험이었다. 언니가 살고 있는 집은 방 3개짜리 구옥을 스튜디오 형식의 원룸으로 리모델링한 집이었다. 넓은 공간에 작은 파티션으로 침실과 주방, 거실을 분리하고 천장을 모두 헐어 지붕 골조를 살린 집이었다. 주방 옆에 지하로 내려가는 계단이 있었는데 지하 복층은 서재로 꾸며져 있었고, 그 공간은 다시 작은 마당으로 연결되어 있었다. 춥고 낯선 길을 헤매느라 날서 있었던 예민함이 부와 성공의 표식 같던 공간에 취해 눈 녹듯 사라졌다. 언니네 집은 좋은 공간의 영향력을 처음으로 경험하게 해준 곳이었다.

와인으로 언 몸을 녹이고 정신을 차렸다. 서로 소개를 하고 이런 저런 얘기를 나누다 보니 금세 친해진 느낌이었다. 하지만 나는 이곳에 레슨을 하러 오지 않았던가. 흩어진 정신을 모으고 레슨을 시작했다. 하지만 언니 금세 지루하고 힘들어했다.
"그래서 이걸 연습하면 된다는 거죠? 오케이! 할 게요! 술이나 더 마십시다!"
수업은 준비한 내용을 제대로 해보지도 못하고 끝이 났다.
'그래, 첫 시간이니까….'
언니와 남은 술을 마시고 새 와인 한 병을 안고 그 집을 나왔다. 그렇게 선물로 받은 와인은 친구들과 성공한 어른을 만난 무용담을 자랑하며 나눠 마셨다.

두 번째 레슨도 마찬가지였다.
"그래서 이걸 연습하면 된다는 거죠? 오케이! 연습할 게요! 그럼 오늘은… 와인? 맥주?"
수업을 안 하고 놀면 좋을 거라 생각하지만 돌아오는 길이 개운치 않았다. 돈의 액수를 떠나 내 일을 제대로 하지 않고 받는 돈이 영 찜찜했다. 세 번째 레슨 또한 제대로 진행되지 않았고, 난 레슨비를 받지 않았다. 그리고 언니에게 말했다.

"지금은 기타 배우실 때가 아닌 것 같아요. 가끔 만나서 술이나 마셔요."

기분이 나쁜 것도 아니었고, 그냥 진심이었다. 언니와 함께하는 시간은 좋지만 계속 찜찜한 기분으로 술을 마시고 싶진 않았다. 아마 지금이었다면 술 마시고 놀면서 재밌게 했을 텐데 그땐 레슨 경험도 많지 않았고 나라는 사람 자체가 좀 경직되고 매사에 비장했다. 언니는 나의 그런 어수룩한 고집을 귀엽게 봐 주었던 것 같다. 그렇게 끝날 것 같던 언니와의 인연은 끝나지 않았다. 언니는 평일 점심시간, 사무실 직원들과 함께하는 건전한 그룹 레슨팀을 만들어 다시 날 불러주었다.

새롭게 시작한 수업은 순탄하게 흘러가는 듯했지만 언니가 하고 있는 일의 마감이 잦아지면서 또 다시 흐지부지되고 말았다. 그렇게 기타 레슨은 끝날 줄 알았지만? 다시 언니의 동네 친구와 팀을 꾸린 그룹 레슨이 탄생했다. 새롭게 합류한 학생은 인테리어 디자인 스튜디오를 운영하는 정현 언니였다. 놀 때도 일할 때도 열정 그 자체였던 정현 언니 덕에 우리의 일요일 낮 수업은 아주 뜨겁게 진행되었다. 열심히 기타를 치고 수업이 끝나면 자전거를 타고 한강을 돌거나 가볍게 맥주를 한잔하는 것으로 마무리했다.

그 당시 나는 '수상한 커튼'이라는 이름을 만들어 막 활동을 시작했을 때였고, 정현 언니도 스튜디오가 점점 커져가는 상황이었다. 경험의 폭과 깊이가 다른 세 명의 여자가 모여 고민을 나누고 좋은 일은 함께 기뻐하다 보니 자연스럽게 서로를 향한 신뢰와 연대가 쌓였다. 주말 낮은 으레 언니들과의 점심(영주 언니의 해장)과 기타 연습의 날이었다. 영주 언니의 날카로운 조언과 따스한 위로, 정현 언니의 열정과 에너지에 나는 무럭무럭 자라났다. 아직도 햇살 좋은 날 언니들이 자전거를 타고 연남동을 가로질러 달리던 뒷모습이 선명하다.

한 가지만 알려줘도 열을 하는 사람이 있다. 반면 한 가지를 알려주면 그 한 가지를 얻기까지 많은 시간을 들여야 하는 사람이 있다. 영주 언니는 전자였다. 조금만 알려줘도 습득이 빨라 자꾸 욕심이 생기는데, 매번 새로운 기술을 익히는 것을 골치 아파했다. 반복해서 연습하는 것도 귀찮고 새로운 걸 배우는 것도 골치 아파

하는 사람이 왜 그렇게 필사적으로 기타 수업을 이어갔던 것일까? "내가 너무 좋아서?"라고 농담처럼 말하기도 했지만, 나도 매번 궁금했다.

언니는 내가 아는, 정말 음악을 즐기는 사람 중 하나다. 나처럼 뮤지션과 음악의 계보를 외우고 분석하고 잘난 척하며 음악을 듣는 사람이 아닌 순수하게 생활 속에서 음악을 아끼고 늘 음악과 함께하는 사람이다. 하루의 시작과 마무리, 슬프거나 즐거운 일이 있을 때 곁에 둘 음악을 가장 먼저 떠올리는 사람. 얼마 전에는 오디오를 새로 고르고 살까 말까 고민하는 타이밍에 나에게 전화해 물었다.
"나 사 말아?"
난 주저없이 "사!" 하고 외쳤다. 그리고 덧붙여 말했다. 언니는 그 누구보다도 오디오를 값지게 쓰고 있다고, 당당하게 지르라고. 그러다 불현듯! 머릿속에 번개처럼 스쳤다. '그래, 언니에게 필요했던 건 기타가 아니었어!' 마냥 음악을 좋아하는 마음에 밴드에서 기타 파트를 맡고 여기까지 와 있는 나처럼 거대한 목적이나 포부가 있는 것이 아닌, 그저 음악을 좋아하는, 그리고 자신처럼 음악을 가까이에 두는 사람들과 함께하고 싶은 그 마음이 바로 출발점이자 지렛대였던 것이다.

음악을 사랑하는 사람들과 매주 만나 이야기를 나누며 함께 소리를 내고, 음악 안으로 한 발 더 깊숙이 들어가 음악이라는 큰 숲에 다만 함께 서 있고 싶었을 뿐이다. 우연처럼 기타란 악기를 선택했듯, 그리고 우연히 나라는 안내자를 만나게 되었을 뿐 어떤 악기를 어떻게 연주하는지는 크게 중요하지 않았을지 모른다. 그저 음악을 함께 나누는 시간을 사랑했기에 필사적으로 나와 우리를 음악 안에서 잇고 또 이었던 것이다.

그렇게 우연과 필연에 기대어 우린 그 숲에서 오래도록 마음을 나눴다. 내가 선생님이란 호칭을 들으며 함께했지만 오히려 언니들이 만들어준 그늘 아래에서 사람과 함께, 음악과 함께하는 즐거움을 배웠다. 내 연습과 작업에 골몰하며 경직되고 굳어 있던 생각들이 그 시간을 통해 조금씩 유연해졌다.

우리 셋은 기타 수업을 계기로 가장 자주 만나며 서로를 가장 잘 이해해주는 각별한 사이가 되었다. 나이와 하는 일, 성향을 뛰어넘어 그저 기타를 가르친다는 명목만으로 내가 얻은 더없이 크고 값진 시간들. 무엇과도 바꿀 수 없는 잊지 못할 순간들이다.

기타 치며 프러포즈하는 게 로망이라고요?

수많은 레슨생을 만나왔지만 기타를 배우려는 목적은 각양각색이다. 특별한 이벤트를 위해 오는 학생들도 가끔 만나는데 대부분은 그 목표를 이루지 못한다. 기타가 가진 대중적이고 친근한 이미지 탓에 쉽게 문턱을 넘었다가 생각보다 호락호락하지 않은 악기라는 것을 깨닫고 대개는 당황한다. 더 절망스러운 상황은 소리가 제대로 나기까지 몇 달이 아니 일 년을 훌쩍 넘기게 될지 알 수 없다는 것이다. 여기까지 깨닫고 나면 단기로 목표를 잡고 온 이들은 어쩔 수 없이 계획을 수정하거나 포기할 수밖에 없다.

어느 날 오래 사귄 연인에게 프러포즈를 하기 위해 기타를 배우러 온 학생이 있었다. 그녀를 향한 그의 사랑은 지극했지만, 아픈 손가락과 지루함까지 견뎌내게 하진 못했다. 소리도 안 나고 지루하기만 한 레슨 시간을 견디지 못하고 매번 수다만 떨다가 수업이 끝나고 말았다. 아마도 나와의 수다보다는 연습이 싫어서였겠지만, 얘기가 어찌나 척척 잘 맞던지, 참 괜찮은 남잔데 아깝다는 생각이 들 정도였다. 어느 날 그는 나를 빤히 바라보며 말했다.

"선생님, 근데 낯이 많이 익어요."
'뭐야뭐야 나의 마음을 읽었나?'
"제가 원래 좀 친근한 인상이라 그런 말 많이 들어요."
"음, 아닌데 분명…. 혹시, 고등학교 어디 나오셨어요?"
를 시작으로 우리는 서로의 삶의 궤적을 훑기 시작했다. 동갑이라는 사실 외에는 딱히 일치하는 게 없었다. 그러다가,
"선생님, 그럼 혹시 재수하셨어요?"
"어머, 네!"
"어머, 나도 나도!"
우린 동시에 외쳤다.
"대성학원!"
엉겁결에 우리 둘은 서로의 손을 맞잡으며 환호했다. 우린 누가 먼저랄 것도 없이 자연스레 말을 놓고 대화하기 시작했다.

"근데 너 대학 갔어?"
하하하 정말 재수 친구다운 물음이었다.
"나 갑자기 예체능으로 바꿔서 동덕여대 갔어."
"어머 잘 갔네!!"
"너는 갔어?"
"나는 연대 가긴 했는데, 캠퍼스야"
"어머머 잘 갔네, 잘 갔어!"

 이런 우스꽝스러운 대화를 이어가다 또 한참을 웃었다. 그 뒤로 수업은 예상 그대로 수다로 채워졌고 프러포즈는 결국 기타 없이 노래만 부르는 것으로 끝냈다는 슬프지만 아름다운 결론이다.
현역은 인생을 모른다는 나의 지론! 재수의 암흑기를 함께 보낸 전우여, 잘 살고 있지?

나이와 국경을 넘어

조금은 특이한, 아니 개성이 넘치는 중년의 여성이 레슨실 문을 열고 들어온다. 원색 미니스커트에 하얀 에나멜 롱부츠, 안나 윈투어를 연상케 하는 헤어스타일과 선글라스. 우리나라에서 흔히 볼 수 있는 중년 여성의 스타일은 아니었다. 나는 조금도 놀라지 않은 척! 한껏 톤을 높여 밝게 인사했다.
"안녕하세요!"
"안녕하세요!"
그녀는 선글라스를 벗으며 어눌한 한국말로 인사했다. 밝고 명랑한 목소리였다. 어눌한 발음 탓에 실제 목소리 톤보다 더 밝고 명랑하게 들렸다. '교포인가?'
평소처럼 내 소개와 이후에 진행될 수업 방식에 관한 설명을 이어갔다. 그녀는 내 말이 끝나자 자신의 이름을 말하며, "그냥 oo라고 불러주세요" 하고 말했다.
"그럼 저도 그냥 은희라고 불러주세요."
그녀는 나를 선생님이 아닌 '은희'라고 불렀다. 수강생이 선생님이 아니라 나의 이름을 불러주는 건 처음이었다.

"은희, 여기서 어떻게 해야 해요?"

그녀가 내 이름을 부르며 물어오면 괜스레 기분이 좋아졌다. 우린 금방 가까워졌고, 그렇게 시간이 쌓이며 속 깊은 이야기까지 나누는 사이가 되었다. 한국인이지만, 한국에서 살아본 적 없는, 외국에서 태어나고 자라 그 나라 사람과 결혼하고 아이도 낳았다. 사실 외향만 한국 사람이지—하지만 스타일은 전혀 한국인스럽지 않은—외국인과 다름없었다.

해외 파견이 잦은 남편을 따라 작년부터 한국에 살게 되었다고 했다. 평생 나고 자란 나라에서 도리어 은근한 차별을 겪었고, 드디어 자신의 뿌리인 한국에 오는구나 하며 기대가 컸지만 오히려 한국에서 더 외롭다고 했다. 어디에서도 환영받지 못하는 사람이 된 기분이 든다면서 자신의 뿌리를 잃어버린 것 같다고 말했다. 기타를 배우는 것도 좋지만, 그녀에게 가장 필요한 건 터놓고 이야기할 수 있는 친구였던 것 같았다. 한국말로 자신의 외로움과 결핍에 대해 이야기하다 보면 빈 마음이 조금은 채워지지 않을까. 나는 기타는 조금만 치고 가능한 한 그녀의 이야기를 들어주었다.

"어떻게 이렇게 한국말을 잘하세요?"
"응, 부모님이 절대 한국 사람인 것 잊으면 안 된다고 정말 무섭게 가르쳤어. 집에서는 꼭 한국말만 했어. 나 한국말 잘해?"
"완전요!"
난 양손으로 엄지척을 하며 말했다. 그녀는 눈을 찡긋하며 밥 딜런의 곡을 이어 연주하기 시작했다. 그러고는 한참을 연습하다 갑자기 나에게 물었다.
"근데 은희, 내가 그렇게 이상해? 사람들이 날 이상하게 쳐다봐."
기타 학원도 꽤 여러 군데 다녔지만 모두 자기를 싫어하는 것 같다고 했다.
"나도 한국인인데, 나 한국말도 잘하는데…."

나는 그 얘기를 듣고 난감해졌다. 이걸 어떻게 설명해 드려야 할까? 화려한 의상과 헤어 스타일, 나도 길에서 우연히 봤다면 한 번쯤 돌아서 봤을 것 같기도 하다. 또 그녀의 어눌한 말투와 억양은 좀 독특해서 우리가 아는 교포 말투라기보다는 자칫 술 취한 사람으로 오해받기 쉬웠다.
"한국 사람이 좀 무뚝뚝해서 그래요. 무서운 표정이지만 아마 다 좋아했을 거예요."
 어느 날 그녀는 나에게 맛있는 점심을 사주고 싶다고 했다. 약속 시간에 맞춰 우리집 앞으로 나를 데리러 왔다. 크고 번쩍이는 고급 세단이 우리집 골목 어귀에 서 있었다. 눈이 휘둥그레져 어색하게 차 옆을 서성거리고 있는데 그녀의 목소리가 들렸다.
"은희! 여기야, 타!"
"집 앞까지… 저 이런 호강해도 돼요?"
그녀는 알이 큰 선글래스를 내리고 한쪽 눈을 찡긋하며 웃었다. 이후 그녀의 아름다운 집에도 초대되어 갔는데, 유럽식 가구와 한국식 전통 가구가 조화를 이룬 아름다운 공간이었다. 그녀는 남편, 아들과 함께 저녁 식사를 하며 나에게 남편과 아들의 기타 레슨도 부탁했다. 하지만, 아들과 남편은 한국말을 전혀 못하는 외국인이었다. 벽난로 앞에 앉아 그녀의 남편이 틀어주는 메탈리카의 음악을 들으며 기타에 관한 이야기를 한참 들었다. 열심히 호응했지만, 아쉽게도 난 그의 말을 거의 알아들을 수 없었다.
매 시간, 그녀는 유럽, 남미 등 다양한 나라의 문화와 사람 사는 이야기들을 들려줬다. 해외여행 경험이 전무했던 나는 어디에서도 듣기 힘든 흥미진진한 그녀의 이야기에 금세 빠져들었다.

    그녀는 어느 날 나에게 남자친구가 있냐고 물었다. 소개팅을 주선하고 싶다며 상대 남자의 어마어마한 스펙을 열거하기 시작했다. 한국의 명문대를 나와 미국 어디에 가서 유학을 하고 다시 한국에 와서 블라블라~. 심지어 부모님은 모 대학의 이사장이라고 했다. 아, 이걸 어떻게 설명하지… 난감했다. 나의 부모님도 부끄러워하는 음악 하는 딸. 어둠의 포스를 뿜어내며 기타 가방을 메고 걸어가다 우연히 마주친 엄마가 일행들과 방향을 틀어 나를 모른 척했던 적도 있었다.
"저랑은 안 맞는 상대 같아요. 소개해주시면 상대 부모님이 별로 좋아하지 않으실 수도 있어요."
그녀는 깜짝 놀라며 그게 무슨 말이냐고 했다.
"은희, 예술가잖아!"
느리고 서툰 말투가 갑자기 빨라지기 시작했다. 적당한

단어를 찾지 못하고 얼굴이 붉게 달아올랐다. 격앙된 목소리로 너는 예술가다, 라는 말을 반복했다. 공부 잘하는 게 뭐 대수냐, 너는 세상에서 가장 멋진 직업을 가지고 있으니 자긍심을 가지라며 영어와 한국말을 섞어 열변을 토했다. 아, 이래서 내가 그녀를 좋아했지.

 그렇게 일 년 정도 레슨을 했을까? 그녀는 남편의 다음 근무지인 체코로 떠났다. 체코에서 꼭 다시 만나기로 했지만 나는 약속을 지키지 못했다. 이메일 주소를 받아놓았던 종이도 사라져 연락이 끊겼다. 새로운 곳에서도 특유의 사랑스러움으로 잘 지내고 있을 거라 믿는다. 그녀의 외로움이 기타로, 음악으로 조금 채워졌기를.

소개팅, 어때요?

소개팅 얘기를 하고 보니 관련된 일화들이 여럿 떠오른다. 수업을 오래 하다 보면 비록 일주일 중 한 시간이지만, 좁은 공간에 단 둘이 마주앉아 밀도 높은 시간을 보내게 된다. 친구들에게 하지 못하는 깊은 얘기를 나누기도 하고, 연주를 하는 모습이나 연습을 해오는 태도 등을 보며 그 사람에 대한 많은 정보를 습득하게 되고 자연스럽게 신뢰가 쌓인다. 그러다 불현듯, 싱글인 학생과 잘 어울릴 것 같은 나의 지인이 떠오를 때는 주체할 수 없는 징검다리 본능을 발휘해 소개팅을 주선하기도 했다. 그러다 보면 아주 가끔 나에게 소개팅 제안이 오기도 한다. 하지만 모두 정중하게 거절했다. 단 한 번의 경우만 제외하고.

모 공기업에서 일주일에 한 번씩 점심시간을 이용해 기타 레슨을 한 적이 있다. 매우 경직되고 보수적인 분위기와 직급이 다른 다양한 연령층의 단체 레슨이라

꽤 까다로운 일이었다. 전 연령을 커버할 만한 귀에 익은 포크송을 선정해서 수업을 하는데 가장 연장자이며 직급도 높아 보이는 분이 불쑥 물었다.
"이거 데모할 때 부르는 노래 아닌가? 여기서 이런 곡 하면 안 되는데…."
아! 정말 생각지도 못했던 일이었다. 이렇게 난관이 때때로 툭툭 터져나왔다. 곡 선정도 조심스러웠고, 워낙 수직적이고 권위적인 분위기 탓에 내가 어떤 태도로 수업을 진행해야 할지 난감했다. 하지만, 어느새 난 가장 무서웠던 어르신들의 사랑을 듬뿍 받으며 지내게 됐는데 비결은 나의 먹성이 아니었나 싶다.
그곳은 구내 식당 점심이 일품이었는데, 수업 전 미팅 때부터 직원들은 꼭 일찍 오셔서 점심을 드시라고 강조했다. 첫 수업 때 당부한 대로 30분 일찍 출근해서 직원들과 점심을 먹었다. 왜 그렇게 점심을 강조하셨는지 알 것 같았다. 요리가 서툰 자취생에게 집밥 같은 한 끼는 무엇보다 소중했다. 난 꼭 수업 30분 전에 가서 밥을 아주 많이 먹고 수업을 했다. 아마도 수업 전에 부러 일찍 와서 밝게 인사하고 밥도 엄청 잘 먹는 나를 예쁘게 봐준 게 아닌가 싶다.

어느 날 우리 수업에서 묘하게 군기를 잡곤 하던 어르신이 갑자기 큰 소리로 물었다.

"선생님, 남자친구 있어요?"
"아… 아니요."
이런 아차차… 있다고 했어야 했는데, 너무 솔직했다. 나는 그 분의 눈빛에서 바로 소개팅 제안을 예감했다.
"괜찮은 총각이 있는데, 선생님이랑 딱 일 것 같아서 소개 좀 시켜 주려고."
"아, 감사합니다. 호호호"
"그 친구 7급으로 들어왔는데, 시험 합격해서 얼마 전에 5급 됐어. 공무원 5급이 얼마나 힘든 건지 알죠? 성격도 순하고 술 담배도 안 하고, 공부만 하느라 여자가 없는 거지. 누나가 다섯 명 있는 게 조금 그렇긴 한데…. 요즘이 뭐 누나가 이래라저래라 하는 세상인가? 어떻게, 만나볼래요?"
"와! 저까지 신경써주시고 감사해요. 제가 너무 모자랄 것 같은데, 더 똑똑하고 멋진 여성분과…."
"아니야, 선생님이 딱이야! 한번 만나봐. 선생님보다 키가 좀 작으려나? 남자 키 봐요?"

"아… 아뇨, 아뇨. 하하하 그럼 만나볼까요?"

나는 물색없이 밝게 웃으며 단번에 소개팅을 수락했고, 어느덧 나의 소개팅은 기정사실이 되었다. 나의 소개팅이 화두가 되어 기타 수업은 매우 화기애애하게 마무리되었다. 다음 주 점심시간, 기타 수업을 듣고 있는 내 또래 여직원의 제보로 나는 소개팅 상대남의 정체를 알게 되었다. 구내식당에서 그녀들과 함께 밥을 먹으며 그가 식당에 들어올 때까지 예의 주시하며 밥을 먹었다. 드디어 소개팅남 등장! 나보다 옆에서 더 소란을 떨며 티 내지 말라고 난리였다.
"선생님보다 키가 작을 것 같아요. 선생님! 가서 반찬 리필 하면서 옆에 서봐요. 아, 빨리 빨리!"
 그녀들의 성화에 어느새 나는 반찬을 리필하며 그의 옆을 스치며 지나고 있었다. 다시 자리로 돌아가니 선생님보다 작다, 누나가 많아서 안 된다, 그에 관한 평판들을 나에게 들려주느라 정신없었다. 그도 내가 소개팅 상대라는 것을 아는지 왠지 모르게 나를 흘끗 보는 듯했다. 키와 누나 문제는 중요치 않았다. 아무리 봐도 내가 그에게 이성적인 호감을 느낄 것 같진 않았다.

막상 상대를 보고 나니 더 걱정이 앞섰다. 어른의 호의를 경솔하게 거절할 수도 없었고, 아마 소개팅 상대도 상사의 제안을 거절하지 못해 난감해하고 있을지도 모를 일이었다.

결국 며칠 후 그에게 연락이 왔다. 결론부터 말하자면 나는 그와 만나지 않았다. 대신 내 친구가 그 소개팅에 나갔다. 심지어 그 둘은 짧게나마 연애를 했고, 둘의 주선자 격으로 셋이 함께 만나 밥도 얻어 먹었다. 결국 나는 이렇게 지혜롭게? 소개팅의 늪을 빠져나갔다.

우연인 듯 우연 아닌

　레슨을 하며 다양한 직업군의 사람들을 만나지만, 그중에는 개인 작업을 하는 프리랜서가 압도적으로 많다. 특히 그래픽 작업 종사자가 가장 많고 에디터나 편집자의 비율도 높다. 지금까지 연락하며 친하게 지내는 다양한 장르의 예술가들은 레슨을 통해 만났거나 가까워진 경우가 많다. 그리고 그 관계들은 꼬리에 꼬리를 물고 새로운 사람과 재미있는 일들로 연결되기도 한다. 내가 지금 이렇게 시시콜콜한 나의 이야기를 써내려가고 있는 것도 레슨을 통해 벌어진 일 덕분이다. 이 얘기를 하자면 2017년으로 거슬러 올라가야 한다. 한창 이사할 집을 알아보느라 정신없던 중에 영주 언니를 통해 알게 된 에디터 말자 언니에게 전화가 왔다.

　"은희 씨 집 알아본다며?"
"네… 알아보는데 전세가 많지 않아서 힘드네요."
"내 후배가 사는 집이 있는데 대충 은희 씨랑 이사 날

짜가 맞을 거 같더라. 보면 딱 좋아할 것 같은데 한 번 볼래?"

거실과 주방에 단차가 있는 재미있는 구조에 멋진 뷰와 테라스. 사진을 보자마자 이 집이라는 생각이 들었다. 하지만 예산이 문제였다. 직장이 없으니 대출은 쉽지 않았고 내 예산을 훌쩍 넘는 전세금을 마련하는 건 불가능했다. 한 번도 가보지 않은 낯선 동네인 것도 걸렸다. 여러 이유로 그 집을 포기하고 예산에 맞는 익숙한 곳으로 이사를 했다.

그렇게 시간이 흘러 2020년 초 난 또 이사를 하기 위해 집을 알아보다가 북한산 등산로 입구에 있는 예쁘고 아늑한 집을 보게 되었다. 독특한 집 구조와 통창, 무엇보다 집 근처에 등산로와 공원이 잘 조성돼 있어서 츄이와 산책하기에 적격인 곳이었다. 난 집을 보자마자 계약을 하기로 마음먹었다. 가계약을 하고 집으로 오는 길에 불현듯 3년 전 말자 언니가 나에게 말했던 집이 떠올랐다.

"언니! 예전에 나한테 후배 살던 집 소개시켜줬잖아요. 기억나요?"
"아, 어어…. 거기 왜?"

"그분들 이사 갔죠?"
"응 그 후배는 그때 그 집 근처에 잘 지은 집 사서 이사 갔어. 근데 왜?"
"언니 저 지금 그 집 계약한 거 같아요!"

    세상에 이런 우연이 있을까? 이사 오고 몇 달 뒤, 예전에 이사 갈 뻔했던 집의 주인을 말자 언니의 주선으로 만났고, 우린 금세 친해졌다. 그들이 이사간 집은 내 방 창문을 열고 대화를 나눌 수 있을 정도로 가까운 위치였다.
우린 가끔 츄이 산책을 하거나 저녁을 만들어 먹는 소소한 일상을 함께했다. 밤에 갑자기 야식이 먹고 싶다거나 맥주 한 잔 생각날 때, 창문을 열고 부를 수 있는 가까운 곳에 친구가 사는 것! 누구나 꿈꾸는 삶 아닌가? 어느 날 동친은 전 직장 상사인 국장님(나도 이렇게 부른다)이 기타를 배우고 싶어하는데 레슨이 가능한지 물었다. 코로나로 조심스럽지만 집에서 우리끼리 하는 건 괜찮지 않겠냐고 했다. 그럼 이 참에 본인도 기타를 함께 배우고 싶다고 하면서 그룹 레슨이 시작되었다. 그렇게 출발한 레슨은 지금까지 이어지고 있다.

주말 오전에 만나서 기타를 치고 점심을 함께 먹는다. 그렇게 일주일에 한 번씩 만나 일주일 동안 각자 있었던 일들을 나누고 화나는 일은 같이 욕해주고 기쁜 일은 함께 기뻐해주며 우리의 사이도 점점 돈독해졌다. 매주 거르지 않고 만나다 보니 내 일상을 가장 잘 알고 있는 사람들이 되었고, 서로의 히스토리가 쌓인 만큼 할 얘기도 많아졌다.

신뢰만큼이나 실력도 차곡차곡 쌓이면 좋으련만 변덕이 심한 기타는 잘 되는 듯하다가도 매번 좌절을 안겨줬다. 내가 보기엔 많이 늘었지만, 배우는 사람 입장에서는 지칠 게 분명하다. 수업을 시작한 지 일 년이 지난 지금도 F 코드 소리는 시원하게 나지 않고, 하이포지션 코드는 조금만 딴 생각을 해도 길을 잃는다.

    매주 그녀들을 달래고, 응원하는 게 나의 몫이다. 그렇게 그녀들을 응원하기 위해 예전 레슨생들에 대한 일화들을 하나둘 꺼내자 이런 얘기들을 책으로 엮어 보면 어떨까, 하는 얘기가 자연스럽게 뒤따랐다. 에디터 두 명이 모이니 책의 주제와 기획 방향에 대한 아이디어가 술술 나왔다. 무언가를 다시 시작한 사람들에게 희망을 주는!

"제가 어떻게 책을 써요… 못 해요."
"그냥 선생님이 우리한테 하는 말들을 편하게 담으면 될 것 같은데요? 우리처럼 새롭게 무언가를 배우는 사람들에게 큰 용기가 될 거예요. 시작에 대한 이야기를 써보자고요."

04
또 하나의 세계로
스며들 용기

입시 레슨: 성장의 테크닉

　입시 학원에서 레슨을 하다 보면 지방에서 올라와 주말에 레슨을 받고 가는 아이들이 있다. 단잠을 물리치고 주말 새벽부터 일어나 기차 혹은 고속버스를 타고 서울에 온다. 그리고 다시 학원까지 대중교통을 이용해 오면 왕복 5시간은 기본이다. 이러한 수고 끝에 주어진 나와의 1시간은 무겁고 비장하다. 이 모든 과정에 놓인 아이가 안쓰럽지만 나의 처음을 돌이켜보면 본인은 힘든 줄도 모르고 지나갈 시간일 것이다. 하지만 나는 지금 내 앞에 앉은 아이가 여기까지 오기 위해 감수한 수고와 시간들을 헤아리며 어깨가 무거워진다.

　어느 날 이렇게 힘들게 나를 찾아온 아이는 실용음악 고등학교를 진학하려던 아이였다. 학원에 다니거나 누구에게 배운 경험 없이 오롯이 혼자 유튜브만 보며 연습했다는데 실력은 놀라웠다. 얼마나 독하게 연습을 하는지 부모님이 혀를 내두를 지경이었다. 연습할 시간이 부족해 알람을 새벽 6시에 맞춰두고 등교 전에도 연습을 한다고 했다. 하루에 연습으로 쓸 수 있는 시간이 늘 부족하기 때문에 연습 외에 쓰는 모든 시간을 아까워했다. 이 아이의 머릿속 가장 중요한 과제는 연습 시간의 확보였다. 그래서 인문계 고등학교가 아닌 실용음악 고등학교에 가야 한다고 말했다. 음악과 기타가 절실한 아이의 눈빛에 감동해 난 뭐든 아이가 원하는 것을 돕고 싶었다.

아이의 연주는 훌륭했지만, 조금만 가이드 라인을 제시하고 요구하면 당황하고 어려워했다. 악보를 제대로 본 적도 없을 뿐더러 기초 화성학 지식도 전무했다. 어쨌든 목표는 학교 입시에 합격하는 것이기 때문에 이론과 코드 스케일 등 기초 연습부터 시작해야 했다. 그런데 생각지도 못한 난관에 봉착했다. 아무리 쉽게 설명하고 연습을 시켜도 전혀 습득을 하지 못했다. 연습을 안 하는 것도 아니고 누구보다 열심히 하는데 단 하나도 제대로 익히지 못했다.

구제불능 길치 친구에게 끊임없이 지도를 보여주며 윽박을 지르는 느낌이었다. 반면에 본인의 자작곡이나 기존 곡을 편곡해 들려줄 때면 좋아서 넋을 놓고 들었다.

나는 이 아이를 굳이 정규 교육의 틀 속에 넣어야 하는지 고민이 생겼다. 하지만 입시를 떠나서 자신이 연주하는 것을 알고 치는 것과 모르고 치는 것은 다르다. 분명 언젠가 한계에 부딪치고 다시 원점으로 돌아가야 할 순간이 올 것이다. 입시라는 명분을 기회 삼아 조금의 체계를 잡아줄 필요는 있어 보였다.

혼자 쌓은 습관을 버리고 처음부터 나와 다시 시작하자고 말했다. 아이는 나를 너무 신뢰했고, 내가 시키는 모든 것을 열심히 연습했다. 하지만 노력에 비해 늘 제자리 걸음이었다. 특정 분야에만 천재성을 보이는 아이일까? 내 말이면 무조건 믿고 따르는 아이가 예쁘기도 했지만 그만큼 무거운 책임감이 몰려왔다. 아이에겐 분명 인생에서 중요한 순간일 텐데 나의 잘못된 판단으로 아이의 앞날을 그르치는 것은 아닐까 하는 걱정에 실용음악 고등학교에서 일하는 동료들에게 아이의 상황을 설명하고 상담을 받았다.

다들 합격은 쉽지 않을 것 같고 설령 운이 좋아 학교에 입학하게 되더라도 적응하기 힘들 것 같다고 말했다. 아이의 의지는 너무 단단하고 강했다. 난 그 점이 걸렸다. 본인이 납득하지 못하는 상황이 오면 너무 쉽게 부러져

버릴 것만 같았기 때문이다. 한쪽으로 너무 기울어진 아이의 재능을 바라보며 매시간 고민이 깊어졌다.

음악은 혼자 하는 작업이기도 하지만 함께 해야 하는 일이기도 하다. 때로는 밴드와 때로는 다른 파트의 연주자와 때로는 보컬과 호흡을 맞추며 함께 만들어가는 연습을 해야만 한다. 아이는 주변의 음악 하는 친구를 본 적도 없고 다양한 음악적 경험이 부족해 보였다. 나는 당시에 학원 외에 유명 엔터테인먼트 회사에서 연습생들의 레슨도 병행하고 있었다. 문득 연습생 중에 비슷한 또래의 아이가 떠올랐다. 둘을 소개시켜주면 어떨까? 그 아이 또한 그 또래 아이가 누려야 할 혹은 경험해야 할 세상과 단절된 채 매일 연습실에서 고독한 싸움을 벌이고 있었다. 둘 모두 실용음악 고등학교 입시를 준비 중이었고 연습 밖에 모르는 성실한 아이들이었다. 좋아하는 음악도 공유하고 연습 방법도 함께 고민하고 나눈다면 좋은 시너지를 낼 수 있지 않을까?

지금의 나를 이루고 있는 세계는 엄밀히 말해 온전히 나만의 것은 아니다. 학창시절 친구들과 서로의 취향을 주고받으며 성장하고 그렇게 쌓아간 세계가 지금의 나를 만들었다고 생각한다.

함께 연습하며, 혹은 혼자 연습하며 빠질 수 있는 함정에서 벗어날 수 있기를, 서로의 생각과 취향을 공유하며 더 크고 넓게 성장하기를 바랐다. 내 경험을 비춰봐도 가까운 곳에 있는 좋은 동료가 선생님보다 더 많은 것을 채워주는 때가 적지 않았다.

노래를 잘하는 연습생 아이와 듀오로 곡도 쓰고 연주도 하면서 제2의 악동뮤지션이 될 수 있지 않을까? 나는 주책맞게 큰 그림을 그리며 두 아이의 만남을 독려했다. 둘은 예상대로 금세 친해졌고, 서로 연락을 주고받으며 다양한 정보들을 나눴다. 하지만 함께 연주를 하거나 새로운 일을 도모하는 것까지 나아가진 못했다.

"너, ○○랑 같이 뭐 좀 해봐! 해보고 있어?"
"연락은 하는데 그런 거 하는 건 싫어요."
"왜?"
"그냥 노래 반주자 하는 거 같아서 싫어요."
하하하, 역시 고집쟁이.

아이는 나의 바람대로 결국 인문계 고등학교로 진학했다. 학교에서 선생님들의 사랑을 듬뿍 받으며 자율학습이나 수업을 제외한 많은 부분에서 충분한 배려와 존중을 받으며 연습하고 있다고 했다. 학교의 각종 행사에 불려 다니며 자신의 연주를 뽐내고 학교의 유명인이 됐다고 했다.
입시 준비할 때와 다르게 아이는 밝았다. 그 후로 여러 해 아이는 크리스마스, 스승의 날, 날씨가 화창한 어느 날 예고 없이 자신의 연주 동영상들을 찍어서 보냈다.
"선생님! 크리스마스 선물로 노래 한 곡 보내요!"
나는 아이의 음악 선물을 하염없이 돌려보고 또 돌려봤다.

여러 갈래 길

내가 입시 레슨을 꺼려했던 건 성인 레슨이 주는 즐거움 때문이기도 했지만, 무엇보다 입시 레슨의 에너지 소모가 생각보다 컸던 이유도 있었다. 아이에게 그 시절의 나를 투영하며 과몰입을 하는 경우가 종종 생겼다. 그리고 나의 선택과 결정이 누군가의 인생 방향을 바꿀 수도 있다는 생각이 마음을 무겁게 짓눌렀다. 나의 섣부른 조언 혹은 판단으로 아이에게 나의 과거를 대물림하게 할까봐 늘 조심스럽고 두려웠다.

대학에 떨어지고 재수 학원을 다니다 갑자기 대학에 가지 않고 음악가로 살겠다는 결심을 했다. 한국에서 대학을 가지 않는다는 것도, 음악가로 살아가겠다는 것도 쉽지 않은 일인데 난 이 두 가지를 한꺼번에 하겠다고 선언했다.
소속이 없는 20대 초반의 생활은 너무 힘들었다. 사회에서 대학생도 직장인도 아닌 사람의 명칭은 없었다.

'백수'라는 단어 외에 딱히 나를 지칭할 수 있는 말이 없었다. 꼭 뭐라고 불릴 이름이 필요한 건가, 하는 질문을 한다면 당신은 한 번도 나와 같은 그룹에 속해보지 않은 사람일 가능성이 크다.

생각보다 많은 곳에서 나를 증명해야 했다. 아르바이트를 구할 때는 말할 것도 없고 지나가다 설문 조사에 응할 때도 너는 '어디에 속한 누구'인지 묻는다. 미용실에서 머리를 하면서도 '어떤 일 하세요?'를 지나가다 마주친 도인들마저도 '학생이세요?'라고 묻는다. 말문이 막히는 여러 상황을 겪으며, 지금까지 학교라는 틀 속에서 구겨지지 않고 그럭저럭 잘 살아왔다는 걸 새삼 느꼈다. 나는 자꾸 움츠러들고 예민해졌다.
당시는 한창 미디어에서 남들보다 빨리 자신의 적성을 찾는 것, 기존의 체제에 반하는 결정을 해서 성공한 사람들의 무용담을 앞다투어 조명하던 시대였다. 각종 아침 방송이나 교양 방송 등에서 전문적인 기술을 배울 수 있는 전문대를 적극 홍보하고 대학을 가지 않고 유명인이 된, 성공한 인생들에 대한 찬사와 그들의 성공담이 지겹도록 나왔다. TV에서 본 것처럼 나도 나의 인생을 내가 선택했다고 자랑스럽게 말했지만, 왠지 모르게 매번 구구절절 변명을 늘어놓는 형국이었다.

'나는 뭘까?'
나를 증명해야 하는 순간이 올 때마다 스스로에게 물었다. 나중엔 나름의 요령이 생겨 재수생이라고 둘러댔다. 친구들은 새로운 대학 생활에 바빴고, 대학에 가지 않고 어정쩡한 무소속의 시간을 건너는, 사회적 명칭 없는 친구들끼리만 만났다. 현실은 TV 속 세상과는 달랐다. 아무 곳에도 소속되지 못한 사람, 우린 그저 낙오자일 뿐이었다.

음악가의 꿈을 이루기 위해 기타 연습도 열심히 했지만 계속 한계에 부딪혔다. 내가 아무리 열심히 연습해도 어렸을 때부터 연주한 사람들의 벽을 넘는 건 불가능해 보였다. 여기까지 와서 포기할 수도 없고 내가 스스로 가둔 감옥 안에서 이러지도 저러지도 못하는 상황이었다. 목적 없는 연습은 그 끝을 알 수 없을 것만 같고 몇 년간 지속된 부모님과의 냉전도 서서히 지쳐갔다. 그즈음 부모님이 나에게 제안을 하셨다. 대학만 간다면 음악 활동을 지원해주겠다는 것. 드디어 부모님을 핑계로 나의 고집을 꺾을 명분이 생긴 것이다. 나는 마음 속으로 환호했다.

대학에 입학해서 뮤지션이 대학을 갔다는 것, 이 사회의 통념에 굴복한 나 자신을 부끄러워하는 척했지만, 내심 학교에 가서 좋았다. 나에게도 학번이 생겼고, 부모님도 누구에게나 당당하게 딸이 대학생이라고 자랑하실 수 있게 되었다.

내가 제일 늦은 줄 알았지만 실기로 오디션을 보고 들어오는 과의 특성상 나이는 뒤죽박죽이었고 오히려 현역으로 들어온 친구들이 희귀할 정도였다. 뒤늦게 들어간 학교에서 공부하는 게 즐거웠다. 교양 과목 하나도 허투루 듣지 않았다. 무소속으로 지낸 지난날의 설움을 어울리지 않게 공부로 풀었다. 그렇게 첫 학기가 끝나고 2학기 때는 난생 처음 장학금이라는 것도 받았다.

다양한 인문학 공부와 대학에 와서 처음 경험한 작곡, 글쓰기 수업을 통해 혼자 쌓아올린 좁고 엉성한 세계가 한순간에 무너지고 새로운 세계가 열렸다. 나는 아이들이 음악만 바라보는 답답한 세상에 갇히지 않길 바랐다. 그래서 자꾸 음악 외에 다른 것을 바라볼 수 있도록 조언했다. 그러다 보면 음대 입시와는 점점 멀어지고 있었다.

'아이들에게 내가 혼란을 주고 있구나. 나처럼 길을 헤매게 만들지도 몰라' 하는 생각에 정신이 번쩍 들었다. 그렇게 난 입시 레슨을 자연스럽게 포기했다. 아직도 난 내가 매일 저지르는 무모한 결정에 머리가 아플 지경이다. 아이들의 미래까지 감당하기엔 나의 그릇이 너무 작다.

최고의 악기는 목소리

    강동구의 끝자락 서울의 경계선에 아슬하게 걸쳐 있는, 건물이 낮고 나무가 많은 동네에서 초중고교를 나왔다. 고등학교에 올라가고 집은 종로구로 이사했지만, 친구들과 헤어지는 게 싫어서 한 시간 반 걸리는 거리를 통학했다. 버스와 길에서 보내는 세 시간, 버스가 덜컹거릴 때마다 튀는 시디 플레이어를 움켜쥐고 바쁜 아침 심혈을 기울여 고른 음악을 들으며 학교로, 집으로, 학원으로 향했다.
음악과 함께였기에 고되지 않은 시간이었다. 그 시간을 보상받듯 대학은 걸어서 통학할 수 있는 거리였는데, 이어폰에서 흘러나오는 음악을 끄는 게 아쉬워 골목을 돌아 돌아 학교로 갔다.

    입학해서 처음으로 작곡이라는 것을 경험했다. 적어도 한 학기에 한 곡 이상은 자신의 곡을 써야 했고 작곡 수업이 아닌 화성학, 청음 등 이론 수업에서도 짤막한 멜로디나 곡을 만드는 과제가 끊임없이 주어졌다. 음악만 듣고 수집했지 악기를 연주할 생각은 꿈에도 못 했던 예전처럼, 기타를 전공하며 내가 작곡까지 하게 될 거라고는 생각해보지 않았다. 내가 작곡을 한다니, 어디서부터 어떻게 시작해야 할지 막막했다.

학교에 입학한 뒤로는 록 음악이나 연습에 도움될 만한 연주곡 위주로 듣던 때와는 달리 자연스럽게 여성 뮤지션들의 곡을 찾아 들었다. 아마도 불안한 내 미래를 그려볼 수 있는 롤 모델이 필요했던 것 같다. 기타를 치는 여자가 음악으로 성공할 수도 있다는 한 줌의 희망. 이젠 음악으로 나를 증명해야 했다. 그냥 음악이 좋아서 여기까지 왔어요, 라는 무책임한 말들을 뱉고 있을 수만은 없었다.

햇살이 유난히 좋았던 어느 날 당시에 즐겨 듣던 에이미 만이라는 가수의 노래를 들으며 여느 날처럼 학교 주변을 빙빙 돌며 걷고 있었다. 그녀의 담백하고 나른한 목소리에 취해 갑자기 불현듯 '나도 노래를 해볼까?' 하는 생각이 들었다. '지금 노래하는 그녀처럼 곡을 쓰고 기타를 치며 노래를 불러볼까?'

그날 이후 처음으로 연주곡이 아닌 노래가 있는 곡을 만들었다. 기타로 코드와 멜로디를 만들어 보컬 전공 동기에게 불러보라고 했다. 노래가 끝나고 급 어색해진 분위기를 감지하며 내 곡이 얼마나 엉망인지 깨달았다. 동기는 "와, 언니 노래 담백하고 음… 언니랑 잘 어울리는 거 같아"라며 애써 민망한 분위기를 전환해보려 했지만 첫 소절이 끝나는 순간 당장 버려야 할 곡이란 걸 알았다. 음역도 엉망이었다.

나는 곡을 쓰는 과정을 멈추고 한동안 내가 좋아하는, 내가 원하는 스타일의 노래들을 무작정 따라 부르며 노래 연습을 시작했다. 사실 나는 이 원리를 이미 예전부터 실천하고 있었다. 기타 솔로를 카피할 때도 멜로디 라인이 안 들려 골치인 구간은 반복해 들으며 입 밖으로 소리를 내어 불러봤다. 그렇게 불러서 익힌 멜로디는 비로소 악보에 옮겨 적을 수 있었다. 하지만 이 원리를 작곡 작업에 적용할 생각은 못 했던 것이다. 좋은 멜로디를 내 몸에 익히는 것.
조급해하지 않으려고 했다. 유행가 한 번을 따라 불러본 적이 없었다. 남 앞에서 입 밖으로 소리를 내는 것 자체부터 큰 용기가 필요했다. 부끄러움을 감추고 동기들에게 레슨을 받기 시작했다. 시작은 소리를 밖으로 내뱉는 것. 떨리고 모기만한 소리를 앞으로 밀어서 밖으로 길게 내뱉는 것을 목표로 연습을 시작했다. 툭툭 떨어지던 소리가 매일 연습한 결과 조금씩 앞으로 나아갔다. 그러다 욕심이 생겨 동기에게 물었다.
"비브라토는 어떻게 해?"
"흠…, 난 그게 원래부터 됐는데…."

좋은 멜로디를 익히려는 생각으로 시작한 노래 연습이 조금씩 욕심이 나기 시작했다. 소리 내는 것을 시작으로 정확한 음정을 내는 것, 그리고 노래로 감정을 표현하는 법까지 조금씩 연습의 범위를 확장하며 나아갔다.
어느 낮, 등교길에 문득 노래를 불러볼까, 하는 생각에서 비롯한 무모한 시작이었다. 그렇게 몇 년간 연습을 거듭하며 노래 곡을 만들고, 내가 만든 노래를 내 목소리로 부를 수 있게 되었다.

내가 갖고 있었지만 깨닫지 못했던 최고의 악기. 내

가 쓴 가사를, 멜로디를, 니만의 진심을 담아 연주할 수 있는 세상 유일한 악기를 이제야 세상에 꺼내 연주할 수 있게 되었다.

작곡에 대한 오해

학생들이 개방현에서 나오는 코드를 거의 익히면 지금까지 배운 코드로 곡을 써보라고 권한다. 그러면 학생들은 손사래를 치며 "제가 어떻게 곡을…" 한다.
"기타를 잘 친다고 곡을 잘 쓰진 않아요. 저보다 훨씬 좋은 곡을 쓰게 되실 수도 있어요. 그냥 편하고 쉽게 도전해보세요."

많은 사람이 작곡이라는 것은 전문적인 스킬을 갖고 있거나 특출난 재능을 가져야 할 수 있다고 생각한다. 대학로에 음악 하는 사람들이 자주 가던 술집이 있었다. 딱히 약속이 없어도 그곳에 가면 아는 사람 한 명쯤은 만날 수 있는, 음악인들의 사랑방 같은 곳이었다. 그곳이 우리의 사랑방이 된 가장 큰 이유는 매장에 흐르는 음악이 없다는 것이었다. 유행가와 술 취한 사람들의 고성이 뒤범벅된 시끌벅적한 보통의 술집과는 달리 손님들의 말소리와 안주를 만드는 소리, 부지런히 주방과 홀을 오가며 주문을 받는 이모의 목소리 외에 다른 소리는 없었다.

하루 종일 이어폰을 끼고 카피하고 연습하다 보면 귀가 피로해져 더 이상 어떤 음악도, 소리도 듣고 싶지 않아진다. 한창 연습하던 20대에 우린 연습 이외에 노래를 듣거나 부르지 않는 메마른 사람들이 되어갔다. 요즘도 그 당시 유행하던 유행가를 주제로 만든 예능을 볼 때면 나만 혼자 갸웃한다.
"저런 노래가 있었나?"
당연히 노래방도 절대 안 갔다. 술집에서 흘러나오는 음악도 싫은데 목청껏 노래를 부르다니 절대 용납할 수 없는 일이었다. 하지만 나와는 달리 열심히 음악도 찾아 듣고 좋아하는 노래를 따라 부르다 기타를 치며 노래가 부르고 싶어져 나에게 온 학생들에게는 나보다 훨씬 많은, 좋은 멜로디들이 몸 속에 흐르고 있을 것이다.

"선생님 제가 쓴 곡은 모두 동요 같아요!"
작곡에 관한 또 다른 강박. 어렵고 독특한 화성을 써야 좋은 곡은 아니다. 내가 아주 좋아하는 곡 중에 영화

<그랜 토리노>의 주제곡인 <Gran Torino>라는 곡이 있다. 이 곡은 이 영화의 감독인 클린트 이스트우드가 그의 아들과 함께 쓴 곡으로 영화의 감동을 고스란히 담아 쓸쓸하고도 먹먹한 울림을 주는 곡이다. 인트로(전주)를 지나 곡의 첫 여섯 마디 멜로디는 '도레미 도레미 레미파 레미파 시도레 시도레~'이다.

작곡에 처음 도전하는 사람이 나도 모르게 이런 멜로디를 떠올리고 쓰게 되었다면 대개는 부끄러움에 바로 지워버렸을지 모른다.'이 쉽고 단조로운 멜로디는 듣는 이에게 담담하지만 묵직한 감동을 안겨준다.

"능숙해지면 그때 곡을 써 볼게요!"

악기 연주를 잘하게 된다면, 그 악기가 너무 편해진다면, 오히려 그 기술이 작곡을 방해하기도 한다. 곡을 듣다 보면 아 이건 기타로 썼나보다, 이건 피아노로 쓴 곡이다, 하는 것을 알 수 있는 곡들이 있다. 피아노로 곡을 쓸 때 가게 되는 익숙한 길이 있고, 기타로 편하게 연주되는 길이 있다. 곡을 쓰며 잔 멋을 부린다고 느껴지는 순간 피아노 앞에 앉아 쓰다 만 코드들을 더듬더듬 다시 쳐본다. 불편하고 낯선 피아노가 기타에서 관성처럼 연주히던 방식을 제어한다.

연주가 서툴고 어렵다면 오히려 뻔하지 않은 곡을 만들게 될 수도 있다. 그래서 나는 익숙한 기타보다 불편하고 낯선 피아노로 작곡을 하는 경우가 많다. 그러면 훨씬 더 담백하고 쉬운 코드로 만든 노래들이 나온다.

   작곡에 관심이 있다면 무조건 어렵다고 생각하지 말고 생활 속에서 흥얼거리는 멜로디들을 수집해보자. 핸드폰으로 녹음을 할 수도 있고 음표로 그릴 수 있다면 서툴더라도 기록을 해두면 더 좋다. 그렇게 멜로디 조각들이 쌓이다 보면 하나의 노래로 길게 엮이는 순간이 온다. 그때까지 악기를 연습하고 공부하며 코드를 덧입히고 구성을 만들면 하나의 곡이 완성된다. 꼭 특별한 재능이 있거나 기술이 있어야 곡을 만들 수 있는 게 아니라는 것. 서툰 기술이 오히려 새롭고 신선한 곡을 만드는 데 큰 장점으로 작용할 수도 있다.

아코디언

　대학 때 영화과 학생들의 졸업 작품의 음악을 만들어 주는 아르바이트를 많이 했다. 당시에는 영화를 음악만큼이나 좋아했고 자연스럽게 영상 음악에도 관심이 많았다. 우연히 모 대학 영화과 학생들의 과제를 도와주며 시작된 인연으로 그들의 졸업 영화제에 초대되어 "너희 학번 나 없었으면 졸업 못했다!"라는 너스레를 떨 정도가 되었다. 당시에 들어오는 일은 작품의 완성도와 페이 여부를 따지지 않고 닥치는 대로 작업했다. 새로운 영감과 자극을 주는 이미지가 있는 작업들이 재밌고 신선하게 느껴졌다.

　한번은 영상 음악에 쓰일 아코디언 곡을 의뢰받았다. 아코디언 곡을 써본 적은 없지만 기타로 왈츠 리듬의 곡을 만들고 음색을 아코디언으로 바꾸면 가능할 것도 같았다. 자신만만하게 작업을 시작했다가 곧 절망에 빠졌다. 기타로 작곡한 곡이 아코디언 음색을 덧입는 순간 내기 예상했던 사운드를 빗나갔다. 피아노로 곡을 써 봐도 마찬가지였다. 음색이 바뀌면서 알맹이 없는 밍밍한 곡으로 바뀌거나 멜로디와 음색이 겉도는 결과물들이 나왔다. 도통 풀리지 않는 작업에 집 밖을 나와 이어폰을 끼고 아코디언 연주곡과 내가 작업한 곡들을 들으며 무작정 걸었다. 하염없이 걷다가 낙원상가 근처 낡은 건물에 멈춰 섰다.
"아코디언 강습"
낡은 새시 유리에 붙어 있는 빛 바랜 글씨를 읽어내려가며 한참을 멍하니 서 있다가 무작정 건물 안으로 들어섰다.

"아가씨가 배우게?"
중절모를 쓴 멋쟁이 할아버지가 의아한 눈빛으로 훑어보며 물었다.
"네, 오늘, 아니 지금부터 할 수 있을까요?"
"응 여기 앉아봐요."
로비인지 연습실인지 레슨실인지 모를 곳에 어정쩡하게 앉아서 레슨이 시작되었다.

악기는 묵직했다. 악기를 무릎 위에 올려놓고 있는 것만으로도 진땀이 났다. 첫 시간엔 아코디언을 안는 자세와 리듬에 맞춰 바람통을 컨트롤하는 연습을 하고 건물을 나왔다. 아무 계획 없이 나온 산책길의 끝이 별안간 아코디언의 바람통을 접었다가 폈다가를 반복하는 것으로 마무리되었다. 하루가 한 편의 영화 같았다.

　그 뒤로 매주 아코디언 레슨을 받기 위해 그곳으로 갔다.
"이게 메이저, 이게 마이너. 메이저가 뭐냐 하면…. 흠…."
할아버지 선생님의 두서없이 장황한 설명이 이어지는데, 나 음악 전공했다고 말해야 할까? 고민했다. 말을 끊을 타이밍을 매번 놓치고 끊는다 해도 내 말을 거의 듣지 않으셨다. 나는 어쩔 수 없이 계속 설명을 들었다. 내가 생각보다 빠르게 이해하고 금방 응용하니 신기해하셨지만 진도는 절대 나가지 않았다. 선생님이 자리를 비우는 사이 나는 뒷장을 넘겨 몰래 연습을 했다. 어떤 날은 사무실 한편에 둘러앉은 사람들이 시끌벅적 수다를 떨다가 내가 연습하는 걸 물끄러미 바라보며 한 마디씩 없었다.

"그렇지! 거기는 더 당겨서 '싱코페이션'!"
"젊어서 그런가? 금방 잘하네?"
땀을 뻘뻘 흘리며 바람통을 접었다 펴고 있는 나를 두고 이야기를 이어가다 물었다.
"아가씨 이거 배워서 뭐하게?"
"아, 저요? 아… 그냥… 호기심이 좀 생겨서요."
그 후로도 진도는 정말 천천히, 최대한 천천히 나갔다. 그렇게 두 달이 지나고
"어디까지 했지?"
"저, 여기까지요" 하고 거짓말도 해봤지만, 속지 않으셨다. 더딘 진도에 등록한 일수를 채우고 더 이상 학원은 나가지 않았다.

아코디언 레슨을 받자마자 중고나라에서 저렴한 연습용 악기를 사서 곡을 써봤다. 소리와 연주는 엉망이었지만 기타나 피아노로 썼던 곡보다는 훨씬 나은 곡들이 나왔다. 곡의 만듦새를 떠나 얼추 아코디언 곡의 분위기가 나왔다. 서툰 악기로 대강의 큰 얼개를 짜고 기

타와 피아노로 세밀하게 수정해서 작업을 무사히 마칠 수 있게 되었다. 문창과 수업을 들으며 음악을 새롭게 바라보는 방식을 찾았던 것처럼 아코디언 레슨을 받고 곡을 쓰며 얻었던 경험은 작곡에 대한 새로운 지평을 열어주는 계기가 되었다.

악기에는 저마다의 메커니즘이 있다. 그 방식을 최대한 이용해 곡을 쓰면 그 악기 다운 곡들이 나온다. 가장 예쁜 소리가 나오는 음역도, 매력적인 사운드를 만들어 낼 수 있는 스킬도 악기마다 다르다. 이런 세밀한 팁들은 연주를 직접 해보지 않으면 알기 힘든 영역이다. 대학 2년 동안 스트링 편곡법을 열심히 공부했지만, 첼로를 배우면서 '아~ 그때 그게 이걸 말한 거구나' 하고 깨닫는 순간이 많았다. 글로 읽은 이론들은 금방 휘발되어버렸다. 조금 무식하더라도 내가 직접 만지고 소리 낸 악기의 특징은 머리로 외운 글보다 내 몸에 선명하게 각인됐다. 그 뒤에 작곡 레슨을 하며 만난 아이들에게 최대한 다양한 악기를 만져보고 배워보라고 조언한다. 나의 미련하고 비효율적인 방법이 가끔 이렇게 뜻밖의 결과를 만들기도 한다.

+
그때 배운 아코디언은 앨범 작업을 할 때 내가 직접 악기 녹음을 하며 깨알같이 활용했다.

낯설게 하기

　많은 사람이 묻는다.
"'수상한 커튼'이라는 이름은 어떻게 지으신 거예요?"
"이름이 독특해요. 뜻은 뭔가요?"

　수상한 이름을 짓게 된 배경은 대학에서 복수 전공했던 문예창작학과 수업에서 비롯되었다.
내가 만약 친구들과 밴드를 결성하지 않았다면, 그래서 기타를 사고 연습을 하게 되지 않았다면 아마도 적당한 대학 국문학과에 입학하게 되지 않았을까? 별안간 나타난 기타 때문에 묻혀버렸던 또 다른 자아가 문학 교양 수업에서 고개를 들기 시작했다. 음악가가 되겠다는 고집으로 고생해서 대학에 갔는데 갑자기 글이 쓰고 싶어진 나는 문창과 복수 전공을 하며 열심히 글을 썼다. 아이러니하게도 힘들게 들었던 문창과 수업은 음악을 하는 것에 큰 영향과 깨달음을 안겨주었다.

소설을 쓰는 것이 말과 글로 소통하는 것이라면 음악은 소리로 소통하는 것이다. 둘 다 재료만 다르지 똑같은 행위였던 것이다. 문창과에서 글을 잘 쓰기 위해 하는 많은 연습 방법은 악기를 연습하는 과정과 다르지 않았다. 대가의 글을 필사하고 읽고 대가의 연주를 카피하고 따라서 연주하는 지난한 과정들은 서로 닮아 있었다. 창작을 하는 방식도 결코 다르지 않았다.
이야기의 기승전결을 다듬듯 노래 한 곡을 만들 때도 수많은 악기의 등장과 퇴장을 조절하며 멜로디를 전개해나간다. 소설 창작에 쓰이는 다양한 글쓰기 방식들을 작곡을 하고 편곡을 할 때 적용해보며 조금씩 음악을 바라보는 생각의 폭이 넓어졌다.

대학 졸업 즈음부터 밴드를 만들어서 그동안 만들어둔 자작곡들로 공연을 하기 시작했다. 열심히 연습을 했지만 노래 실력이 부족한 내가 문제였다. 연주를 잘하는 친구들이 나 때문에 매번 창피한 순간을 맞이하는 게 괴로웠다. 결국 나는 팀을 해체하고 혼자 활동하기로 마음먹었다.
혼자 활동하기 위해서는 새로운 이름이 필요했다. 흔하

지 않고 내가 표현하고 싶은 색깔을 분명하게 전달할 수 있는, 가장 나다운 좋은 이름이 없을까?

'낯설게 하기'는 소설 창작 수업 때 배운 이론이다. 진부하거나 일상적인 표현 혹은 전혀 어울리지 않는 단어들을 조합해 역설적이거나 더 새롭고 신선한 무엇을 만드는 것. 이런 방식을 활용해 새로운 말을 만들면 강렬하고 인상적인 이름을 만들 수 있지 않을까?

나는 나와 가장 잘 어울리는, 나를 잘 표현할 수 있는 혹은 내가 좋아하는 단어들을 종이에 써내려가기 시작했다. 그렇게 끄집어낸 아무 맥락 없는 단어들을 다시 조합하기 시작했다. 한참을 엮다가 나타난 이름.
'수상한 커튼'
마음에 들었다. 장르가 연상되지도 않고 성별도, 밴드인지 솔로인지 모를 모호함이 좋았다. 나는 당장 다음 달에 하게 될 공연의 매니저에게 문자를 보냈다.
"팀 이름은 '수상한 커튼' 입니다."

05
다시,
꿈을 꾸다

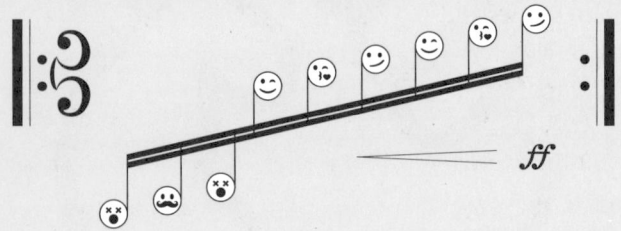

이렇게, 여기서, 우리?

호기롭게 시작한 첼로는 몇 달을 배우다 그만두고 다시 시작하고 그만두기를 반복, 결국은 포기하게 되었다. 작업실을 정리하고 집으로 작업실을 옮기게 되면서 연습할 공간을 잃은 탓이 컸다. 첼로도 실용음악학원처럼 레슨과 자유로운 연습실 사용이 가능한 곳이 있다면 얼마나 좋을까. 나의 첼로는 수년간 하드 케이스 안에서 빛도 보지 못한 채 방치되었다.

친구들과 '2020 프로젝트'를 준비하며 희망차게 시작했던 2020년. 느닷없는 코로나 재앙으로 원대했던 계획들은 시작도 못 해보고 포기해야만 했다. 끝날 듯 끝나지 않던 팬데믹은 나의 일상을 조금씩 갉아먹기 시작했다. 계획했던 활동, 예정된 공연들은 기약 없이 미뤄졌다. 한치 앞의 상황도 알 수 없는 하루가 반복되었고 불안한 미래에 대한 걱정으로 음악을 듣거나 곡을 쓸 마음의 여유 따위는 없었다.

무엇보다 가장 괴로웠던 건 1년 365일 중 360일은 밖으로 돌아다니던 '밖순이'가 집에만 있어야 하는 일상이었다. 슬기롭게 이 상황을 견뎌내기 위한 내 삶의 루틴이 절실했다. 그때 가장 먼저 떠오른 게 첼로였다. 혹시 첼로 학원이 있을까? 여러 곳을 찾아 연락을 해봤지만 대부분 코로나로 영업을 쉬고 있거나 레슨 외에 연습실만 제공하는 곳은 없었다. 문을 닫은 곳도 많았다. 말로만 듣던 코로나 위기 상황을 고스란히 마주했다. 어쩔 수 없다. 그렇다면 연습실이라도 찾아보자. 그렇게 모든 걸 내려놓고 알아보던 중 우연히 성인 전문 바이올린 학원을 알게 되었다. 레슨은 물론 자유롭게 연습이 가능한 곳. 나는 바로 등록을 하고 연습을 시작했다.

매일 학원으로 출근하며 루틴을 만들어갔다. 좁은 연습실에 앉아 활을 긋고 있다 보면 불안도 짜증도 잠시 잊을 수 있었다. 나는 연주를 하는 것보다 연습하는 것, 아니 정확히 연습이라는 미명 하에 죄책감 없이 멍하게 앉아 있을 수 있는 시간을 좋아했던 것 같다. 연습하는 게 싫어서 연주자의 길도 포기했는데, 40대가 되어 연습실에 앉아 안정을 찾아갔다.

학원 등록을 하자마자 나의 중고등학교 친구들에게 제일 먼저 이 소식을 알렸다. 친구들과는 복잡한 사정으로 몇 년간 못 보고 지낸 적이 있었는데, 그때 서로 짜기라도 한 듯 바이올린과 비올라를 배우고 있었다는 사실을 뒤늦게 알고 놀랐다.

그 친구들도 연습을 쉬고 있다가 내 소식에 그 길로 같은 학원에 등록을 했다. 어느 날 원장 선생님에게 감사의 전화가 왔다. 분명 두 명이 등록을 한다고 했는데 세 명이 등록을 했단다.

"세 명이요? 이름이 뭐예요?"

예상했던 두 명의 이름과 예상하지 못했던, 하지만 너무 반갑고 익숙한 이름이 들렸다. 그 친구는 레슨 등록을 한 두 친구의 대학 동아리 친구다.

암울했던 무소속 시절, 친구의 대학 동아리 모임에 끼어 물색없이 놀았었다. 함께 어울려 지내다 각자 생활이 바빠져 못 보고 있었지만, 친구들을 통해 항상 소식을 들어오던 친구다. 알고 보니 그 친구도 첼로를 독학하고 있었다.

어떻게 이런 우연이 있을까? 거의 십 년 만에 우린 성인 바이올린학원 연습실에서 만났다. 너무 오랜만에 봤지만 어제 만난 사람처럼 익숙하게, 하지만 '이렇게, 여기서, 우리?'라는 무언의 눈빛을 나누다 빵 터졌다. 너무 어이가 없어 한참 웃다가 서로의 안부를 나눴다. 그리고 마치 어제도 이곳에 함께 있었던 것처럼 익숙하게 서로의 연습실로 향했다.

우리 넷은 학원에서 각자 레슨을 받고 연습을 하다가 토요일에 모여 합주를 했다. 각자 인터넷을 뒤져 최대한 쉬운 현악4중주 악보를 구해 왔다. 악보를 보고 더듬더듬 연주하다 마음처럼 되지 않을 땐 프리 스타일을 적절히 섞어가며(그냥 마음대로) 우리만의 자아도취 사운드를 만들어 냈다. 머릿속에 멜로디는 있는데 몸이, 손이 맘대로 움직이지 않을 땐 입으로 멜로디를 대신 부르다 와하하하. 그렇게 엉망진창으로 넘어가다가 엔딩은 또 멋지게 마무리하고 또 다시 와하하하.

어떤 날은 각자 개인 연습을 하다 친구가 연습실 문을 빼꼼 열고 묻는다.
"너 몇 시까지 할 거야?"
"넌?"

"한 시간 더하고?"
"끝나고 같이 저녁 먹을까?"
"그래, 그러자! 열연!('열심히 연습'의 줄임말)"
"열연!"

가끔 센티해지는 날엔 도대체 우린 어떤 인연이기에 중학교 짝꿍으로 만나 이렇게 각자 연습실에 앉아 같은 악보를 보며 함께 늙어가는 것일까? 옆방에서 연습하는 친구의 소리를 들으며 콧등이 시큰해졌다가 기괴한 소리에 피식 웃는다. 친구들과 함께 연습할 때면 록밴드 흉내를 내며 자아도취에 빠져 있던 고등학교 시절로 돌아간 것 같은 착각이 들었다. 마음은 그때와 똑같은데 악보가 잘 안 보여 보면대를 뒤로, 뒤로, 밀어놓다가 와장창 현실로 돌아와 우리의 나이를 헤아린다.

***

이 친구들 이야기를 하다 보니 갑자기 떠오른 일화 한 조각.
나의 첫 미니 앨범. 수상한 커튼의 시작이 된 이 앨범은 참 우여곡절이 많았다. 편곡, 녹음이 맘에 들지 않아 여러 번 녹음을 반복했고, 그러다 보니 앨범 제작을 위해 마련해둔 예산을 다 써버렸다. 돈은 돈 대로 다 쓰고, 쓸 만한 소스도 건지지 못했다. 그렇게 좌절하고 있는 나를 일으켜준 건 우리 앙상블의 바이올린과 비올라 멤버 리라와 진웅이다.
엔지니어로 일하고 있는 두 친구가 내 곡의 녹음과 믹싱을 도와줬고,
녹음비는 우리집에 있던 컴퓨터 모니터로 대신했다. 거기다 리라와
진웅이의 대학 친구, 우리의 또 다른 첼로 멤버 S군의 장비들을 빌려
S군의 집 거실에서 빨래 건조대를 펼쳐놓고 그 위에 이불을 덮어
그 속에 들어가서 녹음을 받았다. 그렇게 탄생한 앨범이 2009년에
나온 <수상한 커튼>이라는 앨범이다.
그땐 몰랐지 십여 년 뒤에 우리 넷이 모여 현악4중주를 연습할
거라곤.

앙상블 팀으로

우린 외부의 연습실을 예약하거나 학원의 조금 넓은 방에 모여 연습을 했다. 레슨 시간에 선생님이 "베토벤 연습하시던데, 맞죠?"
우리의 엉망진창 앙상블을 모두가 듣고 있었나보다. 그래도 무슨 곡인지 알았다는 걸 다행이라 생각하며 위안 삼았다. 그렇게 여름과 가을을 지나 어느 날 학원 벽에 앙상블 팀을 모집하는 공고 포스터가 붙었다. 당시 우리의 자발적 합주 연습은 점점 느슨해지고 있었다. 목적도 리더도 없는 연습은 진척이 없었다. 연습을 할수록 실력이 더 나아지고 있는 것 같진 않았다. 공고 포스터를 보며 우린 고민에 빠졌다. 우리 멋대로 즐겁기만 한 앙상블 연습을 계속할 것인가, 강제성과 전문성을 갖춘 학원 앙상블 팀에 들어갈 것인가? 고민을 거듭한 끝에 나와 리라, 진웅 이렇게 세 명만 지원하기로 했다.

곧 학원의 다른 수강생과 함께 정식으로 앙상블 팀

이 결성되었다. 총 멤버는 다섯 명. 리라가 제2바이올린을, 진웅이가 비올라를, 내가 첼로를 맡았다. 선생님의 여러 추천 곡 중 새로운 멤버들과 상의해서 세 곡을 정했다. 친구들은 너무 과한 열의를 주체하지 못하고 받은 악보를 미디 파일로 만들고 모든 파트가 연습하기 편한 음원을 만들어 공유했다.

    퇴근하고 오는 친구들은 학원에 오면 밤 8시가 다 되었다. 그들에게 주어진 시간은 고작 1시간 남짓. 저녁 한 끼 제대로 챙겨 먹지 못하고 연습하는 날이 허다했다. 우리끼리 하던 연습과는 달랐다. 다른 수강생도 함께했기 때문에 내가 연습을 하지 않으면 다른 파트에게 피해를 입히는 것과 같았다. 레슨받던 진도도 멈추고 앙상블 곡에 매진했다.
연습이 끝나고 지치고 허기진 몸을 이끌고 지하철에 올랐다. 코로나만 아니었다면 치맥은 당연한 건데… 볼멘소리도 잠시, 유튜브에서 본 레슨 동영상과 연주들을 본 후기를 나누느라 바빴다. 함께 앙상블 연습을 한 날은 연습 때 찍은 영상들을 보며 자화자찬을 이어갔다.

"야, 이 정도면 잘한다."
"너 소리 많이 좋아졌는데?"
"이야~ 이제 너 음정 완벽하네~"
"OOO보다 우리가 나은데?"
"하하하, 야! 그건 아니지."
서로의 이어폰을 나눠 끼고 음악을 들으며 건전한 중년 세 사람은 집으로 향했다.
 토요일 오전 10시, 카톡이 울린다.
"너 오늘 연습 갈 거야?"
독한 것들 주말 오전에 연습이라니. 하지만 이렇게 누워 있으면 뭐하겠나 싶어 주섬주섬 옷을 갈아 입고 학원으로 향한다.

 첼로 연습에 매진했던 2021년은 개인적으로 정말 힘든 한 해였다. 첼로와 친구들이 없었다면 그 시간을 어떻게 견뎠을까. 생각만 해도 아찔하다. 하지만 열정과 실력은 비례하지 않는다. 굳은 몸은 말을 듣지 않고, 끝없이 기괴한 소리만 만들어 낼 뿐이었다.

겨울, 첫 연주회

연주자의 드레스 코드는 블랙. 우리는 평소에 절대 입지 않을 깔끔하고 단정한 검정 옷을 찾느라 진땀을 뺐다. 결국 진웅이는 백화점에 가서 검정 양복 한 벌을 맞추고, 나와 리라는 옷무덤에 처박혀 있던 검정 원피스를 겨우 찾아 입고 스타킹에 구두까지 신었다. 10여 년을 공연을 하며 보냈는데, 첼로 연주자로 서는 무대는 색다른 경험이었다. 누군가는 시시한 학원 발표회를 두고 뭔 호들갑이냐 하겠지만 우린 매우 진지했으며 의상에, 입장 동선 리허설까지 하며 꼼꼼하게 준비했다. 엄밀히 말하면 우리에겐 데뷔 무대다.

원래 계획은 정식 공연장을 빌려 진행하려 했었다. 그랬다면 데뷔 무대의 폼이 살았겠지만, 당시는 가장 강력한 거리두기 정책이 시행되던 시기여서 대면 공연이 불가능했다. 결국 학원 로비에서 연주하고 유튜브 라이브로 송출하는 방식을 선택했다. 공연 날 꽃다발을 들고 오겠다며 호들갑떨던 친구들은 그 시각 유튜브를 켜두고 대기하고 있었다.
첫 팀의 연주가 끝나고 우리 팀의 무대가 시작되었다. 리허설 때 연습했던 것처럼 제1바이올린 연주자 두 명이 앞장서고 그 뒤로 제2바이올린, 비올라, 첼로 순서로 입장해 미리 정해둔 자리에 앉았다. 숨을 고르고 제1바이올린의 사인을 따라 첫 곡을 시작했다.

현악 4중주 앙상블에서 첼로는 베이스 파트 특성상 도드라지는 연주를 하는 경우가 많지는 않다. 기타를 치고 노래를 하며 무대의 중심에서 스포트라이트를 받는 것에 부담이 있었다. 학교에서 기타 연주를 할 때도 볼륨이 작다는 지적을 받은 적이 많았다. 솔로 악기가 볼륨이 작다는 건 매우 치명적인 문제다. 고쳐보려 해도 내 소리가 다른 악기나 보컬의 사운드를 덮어버릴까 늘 신경쓰였다.
다른 연주자가 내는 소리를 들으며 연주하다 보면 자연스럽게 내 악기의 볼륨이 줄어들었다. 조화로운 것도 중요하지만 어떤 순간은 정확하고 힘있게 모든 사운드를 뚫고 나와야 한다. 성격 탓도 있었겠지만 아마도 연습이 충분하지 못했던 것이 가장 큰 문제가 아니었을까? 내 연주에 취한 척 연주를 해내는 것도 충분한 연습에서 나오는 힘이기 때문이다. 이럴수록 연습으로 이겨내자며 마음을 다잡다가도 '나는 왜 이렇게 성격에 맞지 않는 파트를 맡게 된 것일까?' 하는 생각이 머릿속에 잡음을 만들어냈다. 그런 내가 설상가상 기타 치며 노래까지 하게 되었으니 정말 알다가도 모를 일이다.

나와 오래 연주를 했던 한 동료가 우연히 성악가 조수미 씨와 함께 무대에 서게 되었다. 연주자들이 전주를 시작하고 조수미 씨가 환호를 받으며 무대에 등장했다. 연주자들이 보게 되는 것은 큰 홀의 객석이 아닌 그녀의 등이다. 당당하게 등장해서 자신들 앞에 우뚝 서 있는 그녀의 등이 그렇게 든든할 수 없었다고 했다. 긴장했던 연주자들은 자신들 앞에 우뚝 서 있는 그녀의 뒷모습만으로 큰 안도감을 느꼈다. 그냥 서 있는 것만으로도 연주자에게 안도감을 주는 '등'이라니! 너무 멋지지 않은가.

나는 앙상블 연습을 하며 첼로 파트의 역할이 나에게 제격이라는 느낌이 들었다. 앞장서서 주 멜로디를 연주하지는 않지만 묵묵하게 다른 파트의 연주를 뒷받침해주는 그러면서도 전체 사운드의 중심을 잡고 조율하고 끌고가는 베이스 파트의 역할이 매력적으로 느껴졌고 비로소 내 자리에 와 있는 것 같다는 생각이 들었다. 그렇게 우직하게 사운드를 받쳐주다가 "나 여기 있어!" 하고 멋지게 존재감을 과시할 때도 있다.

높은 음역의 멜로디들이 화려하게 곡을 이끌다가 갑자기 사라지고 묵직한 저음으로 연주되는 멜로디는 엄청난 존재감을 과시하며 멋짐은 배가된다. 하지만 여기서 삐끗한다면? 창피함도 배가되겠지.

우리 앙상블 팀이 연주하는 '첫 곡'의 '첫 두 마디'가 바로 첼로가 주 멜로디를 연주하는, 멋짐이 폭발하는 구간이다. 우리가 연주하는 곡의 난이도 특성상 멋짐이 있다고 말하기는 뭐하지만 곡의 흐름상 나의 존재감을 드러내는 유일한 두 마디였다. 근데 왜 하필 곡의 중간도 아니고 시작이란 말인가. 그것도 첫 곡의 시작! 멜로디의 도약이 커서 포지션 이동은 불가피했는데 불안정한 손 모양 때문에 도약 음의 음정이 매번 불안했다. 그렇다고 조금 안전한 포지션으로 연주를 하면 '멋'

이 좀 없었다. 곡의 시작 사인이 있기 직전까지 고민했다. '안전'이냐, '멋'이냐. 듣는 사람은 뭐가 다른 줄도 모를, 나만 아는 미미한 차이인데 '뭘 고민하는 거야! 바보 멍청아!'
난 멋을 택했고, 그 결과는 참담했다. 공연에서 도전은 금물. 자신의 실력을 50프로도 발휘 못 하는 것이 무대라는 걸 그렇게 십여 년간 경험했는데 왜 또 난 매번…. 이러니 불안한 등을 가질 수밖에 없는 운명인가.

첫 곡 첫 소절부터 엄청난 불협을 만들어냈지만, 곧 평정심을 찾았다. 내가 이렇게 실수가 많은 인간이 된 건, 나의 망각과 낙천성이 한몫했다. 금방 모든 것을 잊고 신나게 나머지 세 곡을 연주하고 퇴장했다. 입장의 역순으로 퇴장해서 잔뜩 상기된 채 대기하는 방으로 돌아갔다. 다른 멤버들은, 남들은 모를, 자신만 알 것이 분명한 실수에 대한 아쉬움에 풀이 죽어 있었다.
하지만 우리 셋, 참 신나 있었다. 가장 심한 불협화음을 만들어 낸 내가 그들을 위로했다. 아무것도 틀리지 않은 자처럼 여유롭게. 제2바이올린을 맡은 리라는 한껏 들떠 있었다. 무대가 너무 짧았다고 아쉬워하며 곡 중간에 아드레날린이 솟구쳐 액션을 더 하고 싶은 걸 참았다고 했다.

리라는 우리 고교 밴드의 보컬 파트로 학교 다닐 때는 노래도 잘하고 우리 중에 가장 끼가 많았다. 고3 진학 상담을 위해 제출한 서류의 장래희망 란에 "로커"라고 써서 담임에게 불려가 혼난 일화도 있었다. 친구의 펼치지 못했던 끼가 성인 전문 바이올린 학원의 연말 공연에서 꽃 피었다.

창 밖에는 함박눈이 펑펑 내리고 있었다. 온통 하얗게 변한 도심의 거리에선 집회가 무르익고 있었다. 다음 팀의 캐롤 연주가 시작되었다.
"노엘~ 노엘~ 징~~"
곡의 중간중간 쉼표마다 집회에서 내는 징소리가 파고 들었다.

현악 4중주의 캐롤 연주와 함박눈, 그리고 사랑하는 친구들의 얼굴. 고단했던 나의 2021년의 한 장면은 이렇게 남았다.

다시, 일상

공연이 끝나고 백신 패스와 연휴, 선생님과 수강생들의 코로나 감염이 이어져 학원은 어수선했다. 나도 이 참에 학원을 잠시 쉬고 목소리를 되찾기 위한 재활 훈련에 들어갔다.

작년 4월 한창 작업을 이어가던 중 갑상선 전절제 수술을 받게 되었고 목소리를 잃었다. 당연히 진행 중이던 앨범 작업은 모두 중단되었다. 코로나 상황에 지치지 않으려 필사적으로 앨범 작업을 이어가고 있었는데, 이젠 노래도 부를 수 없게 되다니…. 팬데믹보다 더 지독한 재난 같은 상황이었다. 병원에서는 6개월이 지나면 서서히 회복될 거라 했지만 6개월이 지나도 목소리는 돌아오지 않았다. 수술 후 체력도 돌아오지 않아 조금만 움직여도 드러눕는 게 일상이었다. 시간이 해결해주겠지, 스트레스 받지 말자고 하며 최대한 노래와 음악 작업에 관련된 모든 것들을 머릿속에서 비워

내려 노력했다.

시간이 지나자 자연스럽게 정신과 체력이 돌아오기 시작했다. 나는 조심스럽게 목소리를 내어보았다. 수술한 지 거의 7개월이 지났을 즈음이었다. 수술 전처럼 편안하게 목소리가 나올 것을 기대하진 않았지만 상태는 예상보다 심각했다. 이렇게 넋 놓고 기다리고만 있으면 안 되겠다 싶었다. 바로 연습실을 구하고 열심히 출근하며 재활 운동 및 발성 연습을 시작했다.

첫 날 피아노 앞에서의 절망은 잊을 수 없다. 내 노래의 벌스(verse, 1절)조차도 부를 수 없었다. 음정은커녕 발음도 혀가 굳은 것처럼 어색했다. 연습하다 울다가를 반복, 그렇게 몇 달간 연습을 하며 수술 전 음역의 60퍼센트 정도까지는 끌어올렸다.
연습과 재활의 영향인지 시간이 지나면서 자연스럽게 회복되어가는 것인지는 잘 모르겠지만 조금씩 나아지고 있는 것 같긴 했다. 아니 그렇게 생각해야만 했다.
다시 전처럼 노래할 수만 있다면 정말 열심히 하겠다는 다짐을 매일 밤 되뇌었다. 노래를 부를 수 있다는 것이 얼마나 소중한지 아무 일도 일어나지 않는 평온한 일상이 얼마나 소중한 것인지, 내가 누리고 있던 삶이 얼마나 감사했던 것들인지 노트에 빼곡히 써내려가며 나태했던 지난 날의 나를 책망했다.
3월에는 취소할 수 없는 공연 일정도 있었는데 정말 큰일이었다. 최대한 키를 낮추고 멜로디를 바꿔 공연을 진행했지만, 무대가 끝나고 관객에게 가장 낮고 비루한 무대를 보여준 것 같아 심한 자책이 몰려왔다. 이렇게 다시 우울해지면 안 된다. 이겨내자! 이겨내자!

    자리를 털고 일어나 학원으로 향했다. 머리를 비울 무언가가 필요했다. 연습실에 앉아 다시 바보가 될 시간이 필요했다. 두 달을 쉬었다고 내 모든 감각은 다시 처음 그때로 돌아가 있었다. 원하던 대로 다시 바보의 시간을 맞이하게 되었다. 활을 들고 있는 팔이 빠질 것 같이 아파 10분 연주하고 팔 주무르기를 반복했다. 조금씩 힘이 빠지고 있었는데 고작 두 달을 쉬었다고 또 다시 양 팔에는 힘이 꽉 들어가 빠지지 않았다.
친구들과 함께하던 앙상블도 점점 흐지부지 되고 있었다. 그때만큼의 열정이 생기지 않았다. 다시 심기일전해

보자고 다짐을 했지만, 바이올린 친구는 녹음실 일이 바빠졌고, 첼로 친구는 학원을 그만뒀다. 무료함에 허덕이고 있을 때 학원에서 단체 문자가 왔다. 오케스트라를 만들 계획이며 공연은 6월 말, 연주할 곡 명은 바흐의 <브란덴부르크 협주곡>! 친구들과의 단체 카톡방 알림음이 바쁘게 울렸다.

"너 할거지?"
"넌?"
"해야지!"
"그래, 하자!"
"할 수 있을까?"
"하면 되지!"

시들하던 우리 열정에 다시 불이 붙었다. 내가 오케스트라라니! 바흐라니! 단톡방에서 할까 말까 고민했던 시간들이 무색하게 우리가 연주하게 될 곡의 공연 실황을 공유하느라 바빴다. 프로 연주자들의 공연 실황을 보니 가슴이 웅장해졌다. 곡은 푸가 형식의 특성상 주제 멜로디는 흩어졌다 만나기를 반복했고, 흩어졌다 만나서 모든 파트가 유니즌^{동시에 같은 멜로디를 연주하는 것}으로 하나의 멜로디를 연주하게 될 땐 소름이 돋았다. 매번 듣던 익숙하다 못해 지루했던 곡인데 내가 연주하게 될 곡이라고 생각하니 한 음 한 음이 가슴 속을 파고들었다. 우리 수준에서 이 곡을 연주할 수 있을까? 우리의 낙천성과 근자감은 이럴 때 큰 쓸모가 있다.

"야! 작년 연말의 우리가 아니야 우리 완전 많이 늘었어!"

50명의 연주자가 함께 빚어 낸 소리

우리가 소화해야 할 곡의 수는 생각보다 많았다. 바흐의 <브란덴부르크 협주곡> 1악장과 3악장. 그리고 <두 대의 바이올린을 위한 협주곡> 1악장부터 3악장까지 총 다섯 곡을 연습해야 했다. 곡마다 난이도도 만만치 않았다. <브란덴브루크 협주곡>의 1악장은 길기까지 해서 우리 실력으로 쉬지 않고 한 번에 연주를 하는 것만도 벅찼다. 과연 3개월 동안 우리가 이 많은 곡을 해낼 수 있을까? 그리고 오케스트라라니! 오케스트라는 내가 첼로를 시작한 이유이기도 했다. 생각보다 나의 꿈에 너무 일찍 도달한 셈이었다.

현악기가 모여서 만들어 내는 소리는 수많은 미사여구를 동원해 그 감동을 표현한다 해도 부족하다. 처음으로 내가 스트링 편곡을 하고 13명의 연주자가 모여 녹음실에서 녹음했던 그 날은 평생 잊지 못할 것이다. 머릿속으로 상상하며 그린 음표들이 악기에서 울리고 그 울림이 모여 근사한 소리를 만들어 내는 모습을 지켜보던 경험. 그런데 그냥 듣는 것이 아닌 내가 직접 연주하며 듣는 소리는 어떤 세계일까? 나는 아직 경험해보지 못한 세계 앞에 서 있다.

    지난한 개인 연습 과정과 파트 연습, 소규모 연습을 거쳐 고대하던 총 연습 날이 다가왔다. 우린 소풍 가는 사람마냥 설렘을 가득 안고 대관 연습실로 향했다. 나이도 성별도 제각각인 50명의 사람이 악기 가방을 메고 모였다. 나는 미리 받은 자리 배정표를 보고 더듬더듬 자리를 찾아 앉았다.

오케스트라에서는 한 악보를 2인 1조로 같이 본다. 악보를 넘기다 음악이 끊어지는 것을 방지하기 위해 무대 안쪽에 앉은 사람이 악보를 넘겨주고 나머지 한 사람이 무리 없이 연주를 이어나갈 수 있도록 한다. 낯선 사람과 한 악보를 공유해야 한다니 걱정이 앞섰다. 악보에 나만 알아볼 수 있는 손가락 번호며 활 스킬 등 자잘하고 너저분한 메모가 많은데 남의 악보를 보게 되는 것도 내 악보를 보는 것도 걱정이 됐다.

아직 내 옆 자리엔 아무도 없었다. 우선 내 악보를 펼쳤다. 곧 나보다 연배가 높아 보이는 여자분이 주변을 두리번거리다 물었다.
"혹시… 3첼로 맞으세요?"
"네네, 여기가 3첼로예요."

첼로 파트 연습 때 선생님이 '활 싱크'라는 것을 알려주셨다. 활 싱크라니… 우린 그 말을 듣자마자 의아한 표정을 지었다.

"노래의 립싱크를 빗대서 만든 말이에요."
"아…."
"템포가 빨라 포지션 이동을 놓쳤거나 자신 없는 부분은 활 싱크를 활용하세요."

오케스트라에선 개인의 기량보다 전체의 사운드가 중요하며, 멈추지 않고 끝까지 무사히 끝내는 게 가장 중요하다. 선생님은 중간에 틀려도 당황하지 말고 활 싱크를 하면서 잘 찾아 들어가는 게 가장 중요하다고 거듭거듭 강조하셨다.
학창 시절 오케스트라 경험이 있는 아솔이에게 오케스

트라 공연을 한다고 얘기하니 자신의 웃지 못할 비화들을 쏟아내기 시작했다.
"아니, 언니, 곡이 끝났는데 나는 6마디가 남아 있었다니까요. 심지어 그것도 업 활로!"
업 활을 한 채로 어리둥절한 표정을 지어 보이는 아솔이 얼굴에 우린 동시에 웃음이 터졌다.
하지만, 내가 이렇게 같이 웃고 있을 일이 아니다. 곧 나에게도 닥칠지 모를 일이기 때문이다. 내 연주도 중요하지만, 정신없이 주제 멜로디를 주고받는 바흐의 미친 돌림노래에선 아주 잠시 딴 생각이라도 한다면 길을 잃기 십상이었다.

많은 인원 탓에 연습실은 정신없는 듯했지만, 묘하게 고요한 긴장감이 감돌았다. 에어컨 때문인지 긴장 때문인지 몸이 으슬으슬 떨렸다. 손을 풀어볼 새도 없이 지휘자 선생님의 사인과 함께 곡이 시작되었다. 한 번도 해보지 않았던, 우리에겐 아주 빠른 템포였다. 여차여차 끝까지 곡을 마치고 모두가 참고 있던 숨을 내뱉는 소리가 났다.
"후아…."

그리고 멋쩍은 웃음이 여기저기서 터져나왔다. 우리의 당황한 눈빛을 보셨는지 선생님이 물었다.
"너무 빨랐나요?"
모두 일제히,
"네!"
"하지만 연주회에서 이 정도 템포는 나와야 해요."
일동 한숨.

　　템포도 어려웠지만 가장 큰 문제는 지휘를 보는 게 익숙지 않았다. 선생님의 지휘에서 첫 마디의 시작, '원!'을 찾아 들어가는 것이 쉽지 않아 번번이 시작 박자를 놓쳤다. 협연곡들도 마찬가지였다. 협연자의 "스읍" 하는 숨소리를 듣고 모두가 시작해야 하는데 말처럼 쉽지 않았다. 올림픽 육상 경기에서 탕 하는 스타트 총성을 기다리듯 잔뜩 날을 세우고 지휘자의 손 끝을 보지만, 우린 매번 덜컹거리며 엉거주춤 시작했다.
내 연주 외에도 신경쓰고 체크해야 할 것들이 많았다. 악보를 넘기는 일, 악보를 넘기다 왼손이 흐트러지면서 음정이 일순간 불안해졌다. 로봇처럼 연주만 하는 것에서 벗어나 섬세한 아티큘레이션^{악상 기호}도 지켜줘야 했다.

지휘자 선생님은 쉼 없이 장장 3시간 반 동안 뭉툭한 소리 덩어리를 정성스레 빚고 또 빚어 그럴싸한 음악을 만들어 내고 계셨다. 나는 너무 긴장하고 집중한 나머지 2시간쯤 지났을 땐 이미 기진맥진해져 선생님이 지시하는 아티큘레이션을 제대로 받아 적지도 못했다.

연습이 끝나고 악기를 챙겨 건물 입구로 나왔다. 말하는 것도 귀찮다는 손짓을 하며 바로 앞에 있는 기사식당으로 무거운 몸과 악기를 끌고 들어갔다. 기사식당 돈까스 한 덩이를 허겁지겁 해치우고 나서야 입을 열었다.

"이제 좀 살겠다!"

그제서야 첫 연습의 감동이 떠올랐다. 곡이 시작되고 건너편에 앉은 바이올린 연주자들이 만들어 내는 소리들이 패드선명하고 명료한 소리가 아닌 어택이 부드럽고 감싸주는 음색처럼 몰려와 어리둥절한 채 그 소리에 맞춰 연주했던 기억.

소리는 명료하게 하나의 소리가 아닌 여러 소리가 켜켜이 쌓여 연기처럼 밀려왔다. 내 자리(첼로들만 모여 있는)에서 다시 저음의 연기 같은 소리들을 만들어 모든 파트들의 소리가 어우러지며 연습실을 부유했다. 내 소리는 들리지도 않았다. 허공에서 팔을 긋고 있는 듯한 몽롱한 순간이었다. 그러다 내가 포지션을 잃고 잘못된 음이 나올 때, 그때 내 악기 소리가 선명하게 튀어나왔다.
"나 여기 있어요!"

신기한 경험이었다. 4중주 앙상블 연주와는 또 다른 매력이었다. 내 소리가 정확히 인지되진 않지만 틀렸을 땐 여지없이 강한 존재감을 과시했다. 내 소리가 들리지 않아야 잘 하고 있는 것이라는 아이러니.
연주에 자신이 붙게 된다 하더라도 오케스트라에서 내 연주에 흠뻑 취해 연주하게 될 날은 없을 것만 같았다.

연습은 널 배반하지 않아

　오케스트라에는 지휘자와 단원들, 그리고 악장과 수석의 역할이 존재한다. 악장은 전체 파트의 장이고 수석은 각 파트의 장이 된다. 악장은 지휘자와 가장 가까운 곳에서 연주를 한다. 공연 중 솔로 연주자의 악기에 문제가 생긴다면 악장 혹은 그 악기의 파트장이 솔로 연주자에게 자신의 악기를 건네야 한다. 이번 공연을 준비하면서 오케스트라 안에 다양한 역할과 룰들이 존재한다는 것을 알게 되었다.
어느 날 학원에서 공지 문자가 왔다. 각자 연주한 동영상을 찍어 이메일로 보내라고 했다. 연주회 때 자리 배정과 파트장을 정하기 위함이었다. 그렇게 동영상을 모아 오케스트라 총 연습이 있기 전 공연을 위한 자리 배정표가 나왔다. 리라와 난 적당히 중간 자리였는데, 놀랍게도 진웅이의 자리가 비올라 파트의 수석 자리가 아닌가!
"엇, 진웅이 수석 된 건가???"

우린 그날부터 진웅이를 최 수석이라고 부르기 시작했다.

나는 그래도 어쨌든 음대를 나온 사람이고 리라는 어렸을 때부터 다양한 악기를 배우고 연주해서 초견처음 보는 악보를 보고 바로 연주하는 것도 빠르고 습득도 빨랐다. 거기에 비해 진웅이는 악보 보는 것도 힘들어 했고, 태생이 아주 느린 템포를 갖고 있는 사람이었다. 말도 행동도 보통 사람보다 한 박자씩 느렸다. 어느 날 리라가 말했다.

"재밌는 비밀 알려줄까? 진웅이 단소 특기생이야. 고등학교 때 입상해서 대학 온 거잖아."
"엥? 단소? 너 근데 악보 왜 이렇게 못봐?"
"단소는 중임무황태! 정간보로 본단 말이야."
"아…"
"그래도 너 음악 특기자네. 이렇게 해서 되겠냐?"
"말을 빨리 해봐. 그럼 좀 나아지지 않을까?"
"…"

연습 때마다 우리의 구박을 한몸에 받던 진웅이는

어느새 수석의 자리에 올라 위풍당당한 기세를 풍기며 열정적인 연습을 이어갔다. 진웅이가 아닌 최 수석으로 불리게 된 그날부터 진웅이는 자못 진지했다. 평일 저녁과 주말은 항상 학원 연습실에서 보냈다. 학원이 문을 열지 않는 휴일조차도 쉬지 않고 집 근처 연습실을 대여해 연습을 이어갔다. 가끔 진웅이 차를 얻어 타게 되면 어김없이 차에서는 바흐의 <브란덴브루크 협주곡>이 흘러나왔다.

주중 낮, 최 차장으로 불리는 시간을 제외하고 남은 시간은 모두 최 수석으로 지냈다. 옷을 살 때 전신 거울을 향해 연주 자세를 취하고 있던 진웅이를 본 리라가 창피함에 몸부림쳤던 일화를 들려줬다. 어깨 품과 소매통을 가늠하기에 그만한 자세가 없다며 항변했지만. "윽…, 너 지하철 스크린 도어 앞에서도 그러고 있는 거 아니지? 아무리 수석이라도 그거까지 봐줄 순 없어."

    우린 여느 때처럼 토요일 오후, 셋이 함께 모여 연습을 시작했다. 템포가 너무 빨라 걱정이던 브란덴부르크 3악장을 연습하기에 앞서 리라가 말했다.
"우리 이거 연주회 때 지정 템포로 해볼까?"

"될까? 너무 빠른데…."
나는 진웅이를 흘끗 보며 말했다. 진웅인 벌써 준비 자세를 취하고 있었다.
"그래, 해보자!" 나는 메트로놈을 켜고 예비 박을 줬다. 그리고 곡이 끝날 때까지 우린 격정적으로 활을 비비며 마지막 음에 안착했다.
"빠-암."
정적.
리라와 나는 반사적으로 일어나 박수를 쳤다.
"최 수석, 브라보!"
절대 불가능할 것 같다던 연주회 지정 템포를 진웅이는 무사히 연주해냈다.
"와아! 연습은 널 배반하지 않았구나!"
(연습은 널 배반하지 않는다는 말은 고등학교 때 우리가 서로 유행처럼 쓰던 말이었다)

다시 한번 이 명제를 가슴 속에 새긴다.
'연습은 널 배반하지 않는다.'

소리 안에 함께 있던 순간

아침부터 마음이 분주했다. 오전에 연습도 하고 여유롭게 출발하려고 했는데, 이것저것 챙기고 준비하다 보니 연습도 못하고 정신없이 공연장으로 향했다. 검정 옷과 검정 구두, 단정하지 못한 머리를 만질 자신이 없어 검정 새틴 헤어 밴드로 머리를 깔끔하게 고정했다. 주차장에 차를 주차하고 기타가 아닌 첼로를 꺼내 엘리베이터에 오르니 정말 오케스트라의 단원이 된 것 같은 착각에 피식 웃음이 났다. 공연장은 생각보다 규모가 컸다. 작년 연말의 학원 로비가 아닌 진짜 무대, 800석 프로의 무대였다!
얼마 전 공연 보러 오겠다는 친구가 나에게 물었다.
"장소 어디라고 했지? 용산구민회관? 복지관? 뭐였지?"
"야, 야, 야! 용-산-아-트-홀!"

분주하게 스태프들이 오고 가는 무대를 바라보며

긴장이 몰려왔다. 정신을 차리고 대기 장소로 내려갔다. 문을 열자 엄청난 소리가 쏟아져 나왔다. 검은 옷을 빼입은 사람들이 악보에 코를 박고 마지막 연습에 열을 올리고 있었다. 나도 구석에 자리를 잡고 스케일 연습부터 시작했다.

갑자기 20대 대학 입시장이 떠올랐다. 그때도 딱 이런 홀에서 오늘이 마지막인 것처럼 모두가 연습을 하고 있었다. 그렇게 한참 연습을 이어가고 있을 때였다.

"리허설 시작합니다. 모두 무대 뒤로 가서 대기해주세요!"

무대 뒤에서 입장하는 순서부터 꼼꼼하게 체크하며 무대에 올랐다. 나는 무대 오른쪽 맨 뒤였다. 그곳에 앉아 객석을 바라보니 기분이 묘했다. 주중에 각기 다른 곳에서 다른 모양새로 일했을 50명의 사람들이 이렇게 말끔하게 검정 정장을 갖춰 입고, 정갈하게 머리를 매만지고 이 자리에 앉아 있는 풍경 자체도 진기한 경험이었다.

지휘자 선생님의 지휘가 시작되고 우린 또 덜컹거리며 곡을 시작했다. 넓은 공간에서 울리는 소리는 황홀했다. 내 소리는 여전히 들리지 않았다. 들리지 않는다면 그래도 잘 하고 있는 거다 싶다가 내 소리가 진짜 나고 있는 건가, 하는 의문이 들었다. 돌아가는 선풍기에 손가락을 넣어보고 싶은 충동을 간신히 참던 어린시절 그때처럼. 나는 몸을 꼬며 확인하고 싶은 충동을 겨우 참는다. 그러다 결국 자꾸만 틀리는 F#에서 내 악기가 인사한다.
'그래, 나도 이 소리 안에 있구나. 나도 소리를 만들고 있어.'
이 공간에 앉아 이토록 멋진 곡을 연주하고 있다는 것만으로도 감사했다. 난 더 이상 여한이 없었다.

공연 시작 10분 전을 알리는 종소리가 들렸다. 캄캄한 무대 뒤, 파트별로 줄을 서서 어둠 속에서 유일하게 빛나고 있는 전자 시계의 선명한 빨간 깜박임을 주시했다. 두근거리는 심장 소리가 귓가에서 불안정한 템포로 카운트를 하고 있었다. 28. 29. 30 ….
"다들 입장하세요"
연주자들의 친구와 가족들로 가득 찬 객석에서 우뢰와 같은 박수가 터져나왔다. 모든 연주자가 자리에 앉자 환호는 잦아들었다. 긴장이 흐르는 정적 속에서 악장이 일어나 A음(라)을 내고 모두 그 소리에 맞춰 노련하게 A음과 하모닉스 음을 내며 튜닝하는 '척'을 했다.

"절대 무대에서 튜닝하지 마세요! 큰일납니다!"
그렇다 우린 프로 연주자처럼 튜닝하는 흉내만 내고 튜닝은 선생님의 체크 하에 미리 하고 올라갔다.
지휘자 선생님이 박수와 함께 등장했다. 객석을 향한 인사 후 우리를 향해 돌아섰다. 우린 숨도 멈추고 지휘자 선생님의 손만 바라봤다. 하지만 역시나 아주 크게 덜컹거리며 시작했고, 결국 난 시작 한 마디를 연주하지 못하고 두 번째 마디부터 시작했다. 긴장인지 흥분인지 왼팔이 굳어서 비브라토가 부드럽게 나오지 않았다.
'그래, 그냥 음정과 박자만 틀리지 말자.'
별탈없이 연주를 이어가다 곡의 중반, 주제 멜로디가 제1바이올린, 제2바이올린, 비올라 순으로 도미노처럼 내게 밀려왔다. 갑자기 벅찬 감정이 멜로디와 함께 나를 덮치며 눈물이 왈칵 쏟아졌다. 울면 안 돼. 울면 안 돼! 하지만 눈물은 내 볼을 타고 마스크 안으로 주룩 흘렀다. 참나… 시트콤의 한 장면 같아서 실소가 나왔다. 이 얘기를 친구들에게 한다면 10년 동안 놀려먹겠지.

음악을 하며 힘든 순간도 많고 하루에도 열두 번씩 때려치울까 고민하지만, 그래도 나를 울게 만드는 건 음악 밖에 없다. 나는 절대 음악과 떨어져 살 수 없음을 이럴 때 사무치게 느낀다.

1악장이 끝나고 3악장. 다들 긴장했는지 곡은 점점 빨라지기 시작했다. 내가 뭘 치고 있는 건지도 모르게 활을 비비다가 정신없이 곡이 끝났다. 후에 친구들은 이 곡을 가장 잘했다고 했는데, 빠르게 정신없이 흘러가니 우리의 실력이 드러나지 않았던 것일까? 나는 의아함에 고개를 갸웃했다. 잠시 숨을 고르고 협주곡들이 이어졌다. 한 악장에 두 명씩 세 악장의 협연곡에 6명의 솔로 연주자가 무대 위를 오르고 내려갔다. 솔로 연주자들의 화려한 등장에 매 악장 놀랐다.

"어머 세상에, 못 알아보겠네!" 나의 짝꿍 연주자가 조용하게 귓속말로 속삭였다.

협연곡에서는 솔로 연주자가 주인공이다. 그들이 빛날 수 있도록, 그들의 연주 소리가 잘 들릴 수 있도록 최대한 작게 그들의 연주를 받쳐주는 게 포인트였다. 정신없이 비비다가 끝난 3악장이 그나마 그럴싸하게 들렸던 것처럼 빠르고 테크닉이 있는 곡들은 공격적으로 몰아가면서 압도하기 때문에 틀려도 티가 잘 안 난다. 하지만 부드럽고 작게 연주해야 하는 섬세한 곡에서 연주자의 내공은 여지없이 드러나게 마련이다.
힘 조절에 익숙지 않은 오른팔 때문에 자꾸 뒤집힌 소리가 났다. 거기에 섬세하게 표현해야 하는 아티큘레이션까지, 진땀이 났다.
50명의 아군이 포진되어 있는 내 자리에서 스포트라이트 조명 아래 있는 솔로 연주자들이 한없이 외로워 보였다. 무대의 가장 뒤, 구석에서 평온한 행복감 같은 것을 느꼈다. 오롯이 이 무대를, 이 아름다운 음악을 즐길 수 있을 것 같았다.

우리의 첫 공연은 쉼 없이 30분 동안의 연주 끝에 막을 내렸다. 무대를 내려오면서 친구는 이제 드디어 저녁이 있는 삶으로 돌아 갈 수 있다며 홀가분해했다. 근데 난 왠지 모르게 섭섭했다. 이 곡과 이렇게 헤어져야 하는 거라고? 4개월을 함께했는데, 이렇게 30분 연주하고 헤어져야 한다니….
그 후로 며칠 동안 멜로디는 입가를 떠나지 않고 설거지를 하다가 츄이와 산책을 하다 나도 모르게 멜로디가 툭 하고 입 밖으로 흘러나왔다. 난 아직 헤어질 준비가 안 된 것 같았다.

공연 일주일 뒤, 멤버들 몇몇이 조촐한 뒷풀이를 했다.

"다들 어떠세요? 저는 아직도 여운이 좀 남아 있어요. 순회 공연을 돌았어야 했나봐요. 저희끼리 이 곡 가끔 모여서 연습할까요?"
"하하하, 좋죠."
왁자지껄한 가운데 공연에서의 실수와 감동들을 나누다 조용히 맥주를 홀짝이던 중년의 남자분이 조심스레 입을 뗐다.

"악기 연습은 참 외로운 것 같아요. 거의 6년 동안 벽만 보고 연습했는데 이렇게 다 같이 모여 함께 연주하다니 이제야 그 시간들이 헛되지 않게 느껴지네요."
담담하게 내뱉는 그의 말에 다들 무언가 생각에 잠긴 듯 허공을 응시했다. 그는 구깃한 종이컵에 남아 있던 맥주로 입을 축이고 말을 이어갔다.
"오케스트라가 저의 마지막 꿈이었는데 이제 꿈을 이뤘어요."
모두가 그의 말에 깊게 고개를 끄덕였다.
분위기는 무르익고 우린 자연스럽게 다음 공연 계획을

세우고 있었다.

"겨울이니까 러시아로 가볼까요? 차이코프스키 어때요?"
"저희가 할 수 있을까요?"
"지금부터 하면 되죠."
"그쵸. 몇 달 전 우리가 아니죠!"

에필로그 :
좋아하는 것을 배우며 더 좋아하게 되는 것

이 좋은 걸 나만 알고 있기엔 아까운 마음에서 출발했다. 좋아하는 것을 배우며 더 좋아하게 되는 것, 그 과정에서 만나는 사람들, 무언가를 오래도록 사랑하며 스며들고 익어가는 과정들, 웃픈 상황들. 그래서 단조롭던 일상이 조금 다채롭고 흥미진진해지는 것. 길고 긴 지루한 이야기에 해프닝 같은 일들을 만드는 것.

악기를 연습하고 익히는 과정은 삶을 닮아 있다. 설렘 뒤 고통, 지루함, 지침, 그러다 잠시의 행복, 그리고 다시 무뎌짐. 좌절, 다시 잠시의 행복. 그러한 행복감을 동력으로 지난한 연습의 과정을 반복한다.
지치고 포기하고 싶어질 즈음, 찰나의 행복이 순간 얼

굴을 비춘다. 그 얄궂은 희망을 안고 넘지 못할 것 같은 산을 향해 걷고 또 걷는다. 바보 같은 시간 속에서, 질서 정연한 반복의 리듬에서 나는 묘한 안도와 행복감을 느꼈다.

선생이 되었다가 학생이 되었다가를 반복하며 다시 무언가를 배운다는 것에 대해 생각했다. 한 번도 경험해보지 못했던 새로운 세계를 향해 내딛는 첫 발. 그 용기에 대해 생각했다. 자신이 배우고 익혀 구축한 익숙한 세계를 벗어나기 전의 망설임과 두려움에 대해 생각했다. 매일을 살아가느라 방치했던 굳은 몸과 머리를 마주하는 괴로움. 하지만 그것들을 뛰어넘을 만큼 아름다운 순간들, 내가 좋아하는 것과 내밀한 관계를 맺는 것. 그 안에서 그 순간을 함께 나누는 사람들, 시간들.

10대, 20대의 열정은 더이상 찾아오지 않겠지? 조금씩 무뎌지고 게을러지는 감각에 침울해졌지만, 새로운 악기를 배우며 난 또 새로운 세계를 경험했다. 예전처럼 분별없는 열정이 아닌 뭉근한 열정, 모양도 방식도 다르지만 다른 대로 매력 있는 이 편안함이 좋다.

좋은 걸 나누고 싶어 시작한 글쓰기는 나에게 큰 힐링이 되었다.

"음악 한 지 몇 년 되셨어요?"

레슨을 하며, 인터뷰를 하며 듣는 이 질문에 난 매번 멈칫한다. 어디에 시작점을 둬야 할지 난감하기 때문이다. 음악은 내 삶에 아주 조금씩 스며들었다. 시작도 과정도 떠밀려서 여기까지 와 있는 것 같다는 생각도 했다. 나의 무모하고 대책 없는 과거들을 되짚으며 안타깝기도, 우습기도, 짠하기도 했다.

음악이라는 공통의 관심사로 다양한 연령과 직업의 사람들을 만났다. 그건 내가 음악을 업으로 삼으며 얻은 가장 크고 값진 경험이다. 난생 처음 이렇게 긴 글을 쓰며 내가 만났던 수많은 얼굴들을 떠올렸다. 큰 용기로 내 앞에 앉아 있었을 학생들, 아쉬움이 몰려오는 장면과, 그들과 나눈 감도 깊은 시간들이 뒤섞여, 쓰는 것보다 멈추어 있는 순간이 더 많았다. 멈춰 있는 동안 잊고 있던, 행복했던 기억들을 많이 만났다. 써야 멈춰 있는 시간을 만날 수 있었다. 그래서 쓰고 멈추고 쓰고 멈추며 행복했다.

사랑하는 것을 계속 사랑하며 천천히 함께 걸어가자. 행복하고 즐거운 순간은 내가, 우리가 만들어 가면 되는 것. 설레는 무엇이 생기길 기다리는 것이 아닌, 내가 설레는 매일을 만들어 가면 되는 것. 그곳이 어디든, 다다를 수 없는 곳이라 해도.

QR코드를 스캔하시면 <다시, 아마추어> 플레이리스트의 음원을 감상하실 수 있습니다.

글로 미처 담지 못한 마음을 노래로 만들었습니다.
못난 마음이 불쑥 고개를 드는 어느 밤, 이 노래가 따뜻한 응원이
되었으면 좋겠습니다.
새로운 노래 '가을밤에 보내는 편지'와 발표했던 노래들을 모아
<다시, 아마추어>를 위한 플레이리스트를 만들었습니다.
책과 함께 즐겨주세요.

All songs composed & written by 수상한 커튼 / arranged by 수상한 커튼

Playlist

....

01 소리로 기억되는 순간
02 이방인
03 intro: 잠들어 버린 새벽
04 눈 오는 밤
05 가을밤에 보내는 편지 *
06 다시

소리로 기억되는 순간

늦은 오후의 따스한 빛
겨울 어느 밤 서성이는
한여름 바다에 출렁이듯 웃음 웃음
이대로 그냥 이대로
타닥 나무가 타는 소리
가을밤 풀벌레 우는 소리
어두운 밤하늘 아래 시시콜콜한 얘기
지금 끝나지 않았으면
긴 밤 걷고 걷다 멈춘 언덕길에
봄밤 꽃잎이 떨어지는 나무 아래
그때 잊혀지지 않는 순간의 기억이 내려
밤하늘 아래 우리

이방인

이젠 말해주오
말하지 못했던
그 모든 애길
더 이상 헤매지 않고
나 쉴 수 있도록
나에게 말해줘

아무도 가 보지 못한 곳
가 보려 해 봐도 다다를 수 없는
가도 가도 같은 자리를
맴돌고 있는 불안한 마음에
걷네 걷네 걷네

떠돌아다니는 맘속에
발 붙이지도 못한 채 빙글 돌아
눈도 입도 모두 닫은 채
나만의 세상 속으로

아무도 가보지 못한 곳
가 보려 해 봐도 다다를 수 없는
가도 가도 같은 자리를
맴돌고 있는 불안한 마음에
걷네 걷네 걷네

눈 오는 밤

그 밤이 그리워 이 밤은 외로워
아무도 찾지 않는
잠들어 버린 새벽

허공에 문지른 얘기가 날아가
새들이 찾아온 아침
아직 꿈을 꾸듯 깨어
하얗게 뒤덮인 온 세상 속에

내게로 찾아와 준 너를
내 손을 꽉 잡아
사라지지 말아 제발
영원토록 내 곁에 있어줘

그 밤이 그리워 이 밤은 외로워
아무도 찾지 않는

가을밤에 보내는 편지

밤은 너무 길고 길어
끝나지 않는 지루한 이야기 같아
가끔 반짝이는 찰나의 바람
스며들듯 미끄러진 기억들 속에

한 낮의 열기는 지난 밤 꿈처럼
아득하고 낯설어 아주 먼 얘기 같아
뜨겁지 않아도 괜찮아
깊고 느린 숨을 쉬며 이대로

설레임에 잠 못드는 가을밤
나를 찾아온 해프닝 같은 순간
나만 볼 수 있는 빛나는 별
함께 가자 오래
반짝이는 가을밤
피식 싱거운 밤

다시

정말 늦은 것은 아닐까 다시 할 수 있을까
시간은 멈춘 듯 흘러 그 자리에
난 두렵고 불안해 슬픈 기억이 가득해
시간은 멈춘 듯 흘러 그 자리에

우리 그렇게 사랑했는데
왜 난 두려워 멈춰 섰을까
내게 너무 소중한 널 왜 난 그렇게 쉽게

정말 늦은 것은 아닐까 다시 할 수 있을까
시간은 멈춘 듯 흘러 그 자리에
우리 그렇게 사랑했는데 왜 난 두려워 멈춰 섰을까
내게 너무 소중한 널
왜 난 그렇게 왜 넌 그렇게
서로를 아프게 해

우리 그렇게 사랑했는데 왜 난 두려워 멈춰 섰을까
내게 너무 소중한 널 왜 난 그렇게 쉽게
정말 늦은 것은 아닐까

다시 할 수 있을까
시간은 멈춘 듯 흘러 그 자리에

다시, 아마추어

오래 함께할 반려 악기를 찾아가는 여정

© 수상한 커튼, 2022

발행일 2022년 12월 7일 초판 발행
저자 수상한 커튼
발행인 정효정
발행처 모로북스
등록번호 제2021-000104호
주소 서울시 마포구 성미산로11길 99 101호
팩스 0504-364-9850
이메일 morrowbooks26@gmail.com
인스타그램 @morrowbooks
기획편집 정효정, 원영인
디자인 Studio XXX
인쇄·제책 세걸음
ISBN 979-11-976746-9-3(03670)

이 책에 실린 모든 글과 이미지는 저작권법에 따라 보호받으며 어떠한 형태로든 무단 전재와 복제를 금합니다. 정가는 뒤표지에 있습니다. 잘못된 책은 구입처에서 교환해드립니다.